Mexicanos al grito de Trump

Actualidad

Biografía

Eileen Truax nació en la Ciudad de México. Estudió Comunicación Social y la maestría en Comunicación y Política en la Universidad Autónoma Metropolitana, en la cual recibió la Medalla al Mérito Universitario. Ha sido guionista de televisión y periodista política. Desde 2004 vive en Los Ángeles, donde se especializó en inmigración, relación México-Estados Unidos y cobertura electoral. Fue reportera para *La Opinión*, el diario en español más grande de ese país y ha publicado en *El Universal, Reforma, Proceso, Gatopardo*, y las ediciones en español de *Newsweek, Vice y The New York Times*, entre otros. Ha recibido dos premios José Martí de la Asociación Nacional de Publicaciones Hispanas (NAHP); el reconocimiento *Women in Media* de la Legislatura de California. Es también autora de *Dreamers, la lucha de una generación por su sueño Americano, We built the Wall. How the US keeps out asylum seekers from Mexico, Central America and Beyond*, y coautora de la novela *Fecha de Caducidad*. Actualmente trabaja en un proyecto sobre jóvenes inmigrantes en España.

Eileen Truax

Mexicanos al grito de Trump

Historias de triunfo y resistencia en Estados Unidos

Planeta

Bajo el sello editorial BOOKET M.R.
Avenida Presidente Masarik núm. 111, Piso 2
Colonia Polanco V Sección
Delegación Miguel Hidalgo
C.P. 11560, Ciudad de México
www.planetadelibros.com.mx

Diseño de portada: Miguel Ángel Chávez Villalpando / Grupo Pictograma Ilustradores

Primera edición impresa en México en Booket: octubre de 2017
ISBN: 978-607-07-4450-1

Impreso en los talleres de EDAMSA Impresiones, S.A. de C.V.
Av. Hidalgo núm. 111, Col. Fracc. San Nicolás Tolentino, Ciudad de México
Impreso y hecho en México – *Printed and made in Mexico*

Queríamos trabajadores y vinieron personas.
–MAX FRISCH

De dónde venimos ya no significa nada en Estados Unidos.
Es a dónde vamos, y lo que hacemos
cuando llegamos ahí, lo que nos dice quiénes somos.
–JOYCE CAROL OATES

Para mi hijo Guillermo

Índice

Introducción: Treinta años de resistencia

Por Eileen Truax

Ciudad de México/Los Ángeles, California

Este no es un libro sobre Donald Trump. El protagonista de este libro no es el presidente de Estados Unidos; no se centra en las políticas de su administración, ni en la manera en la que las minorías –religiosas, raciales, étnicas–, han respondido a sus ataques.

Este es un libro que cuenta historias de hombres y mujeres que hace 10, 20, 30 años, salieron de México en busca de una vida mejor en Estados Unidos. Han enfrentado violaciones de sus derechos, desigualdad y violencias de todo tipo. Son mexicanos y mexicanas que durante tres décadas han construido redes de resistencia y solidaridad para salir adelante, que se han negado a ser víctimas del sistema fallido de ambos países y que, contra todo pronóstico, se han erigido triunfadores en la adversidad. Hoy, gracias a esta historia de resistencia a un lado y otro de la frontera, están preparados para enfrentar las políticas del nuevo gobierno estadounidense.

Empecé a preparar este trabajo atraída por la diferencia entre las reacciones de la sociedad mexicana y la estadounidense a la victoria electoral de Donald Trump del 8 de noviembre de 2016 y al inicio de su gestión presidencial, en particular por el tratamiento en medios de comunicación de ambos países. Mientras en Estados Unidos los medios han realizado un análisis más profundo del contexto político y se enfocan en las estrategias de resistencia y de organización rumbo al 2018 –fecha en que se renovará el Congreso–, en México, con la excepción de algunas buenas piezas de contexto, las historias se han centrado en anécdotas sobre racismo, amenaza de deportación y temor entre los inmigrantes generadas por la llegada de Donald Trump.

Para quienes hemos vivido durante años en Estados Unidos, el racismo, la xenofobia y el clasismo son parte habitual del tejido social, como muchas otras características que conforman la complejidad de las naciones. Llevo trece años viviendo en este país, el mismo tiempo que he realizado trabajo periodístico cubriendo inmigración y relaciones México-Estados Unidos; he escrito decenas de artículos y he leído centenares sobre ese asunto. ¿Qué es entonces lo que lleva a alguien a decir ahora que la culpa la tiene Trump?

Desde ese termómetro extraño que son las redes sociales hasta la cobertura de medios serios –y otros no tanto–, Donald Trump se ha convertido con frecuencia en la explicación del mal social. Un día después de la elección empezaron a publicarse denuncias de ataques racistas y antiinmigrantes aquí y allá, que gracias a la magia del *share* y el *retweet* acusaban la multiplicación de los ataques de odio. ¿Multiplicación con respecto a qué? ¿Cuál era la cifra previa que justifica esa cuenta? Me llamó particularmente la atención que este *boom* de mensajes de alarma provenían de personas y medios de comunicación fuera de Estados Unidos, principalmente en México.

Ciertamente, el discurso de campaña de Trump y sus desplantes una vez que entró en funciones como presidente han provocado que quienes comulgan con esta línea racista y antiinmigrante se sientan legitimados y con mayor derecho a cuestionar, atacar o incitar a la violencia contra las minorías. Sin embargo, pensar que la causa es el propio Trump es una visión facilista, casi perezosa. La historia de racismo y xenofobia de Estados Unidos data de siglos y ha sobrevivido –y en ocasiones se ha agudizado– en las últimas décadas. Las ideas de supremacía blanca y las propuestas de limitar el ejercicio de los derechos civiles son un virus latente que resurge con fuerza en ciertas coyunturas. Si de alguna manera hay que ver a Trump, no es como causa, sino como consecuencia: Donald Trump es el síntoma de la dinámica en una sociedad que obedece a la teoría del péndulo; por cada avance de los grupos progresistas, hay un golpe de reacción en sentido opuesto.

En agosto de 2014, el diario mexicano *El Universal* publicó un texto de mi autoría que hablaba sobre los grupos de odio activos en Estados Unidos, con base en un monitoreo realizado por la organización Southern Poverty Law Center. Eran 940, casi mil grupos de odio que incluyen a neonazis, KKK, racistas *skinheads*, blancos nacionalistas, anti-LGBT, antimusulmanes, negros separatistas, vigilantes de la frontera y otros grupos antiinmigrantes. De ellos, la mitad se ubica en el sur de Estados Unidos. Tan solo en los cuatro estados que colindan con México —California, Arizona, Nuevo México y Texas— operan 160. El incremento se ha dado especialmente en California y Arizona, donde los grupos prevalentes son antiinmigrantes y antilatinos.

Entre los años 2000 y 2013, el número de grupos de odio en Estados Unidos creció 56 por ciento. Este periodo coincide con el reforzamiento de la seguridad en la frontera tras los atentados del 11 de septiembre de 2001; el aumento del porcentaje de inmigrantes no blancos; la recesión económica de 2009, y el triunfo de Barack Obama, el primer presidente afroamericano. Todos estos factores fueron el detonador del crecimiento de estas organizaciones. Y sí, muchos de estos elementos fueron oportunistamente incluidos en el discurso de campaña de Trump. Quienes comulgan con la visión de estos grupos encontraron un portavoz y un legitimador de su ira, pero ellos estaban ahí antes que él. En un reporte de 2012, el FBI registró más de cinco mil crímenes de odio, que involucraron a más de siete mil víctimas. De ellos, la mitad se debieron a motivos raciales. En el caso de las víctimas agredidas por su nacionalidad u origen étnico, seis de cada diez eran latinas.

Con la facilidad que otorgan los dispositivos móviles y las redes sociales, muchos de estos incidentes ahora pueden ser difundidos y denunciados con mayor facilidad, y eso también ha abierto la puerta para que puedan ser sancionados en mayor medida. La percepción pública puede ser que los incidentes aumentan, pero para afirmar tal cosa habría que hacer una comparación seria con los ataques y las denuncias del pasado.

Lo que pretendo establecer con este planteamiento es que la violencia racial y la discriminación son el pan de cada día entre ciertas comunidades en Estados Unidos, particularmente las inmigrantes. Todos los que nacimos fuera de este país hemos escuchado alguna vez la frase "*go back to your country*" –mi primera vez fue afuera de un supermercado en 2005– y recibido o presenciado algún otro tipo de violencia racial cuando las cosas se ponen peor. Nada de esto ha sido culpa de Trump: el discurso incendiario del presidente de Estados Unidos no es la causa de los males de este país –ni del país vecino–, sino su consecuencia.

***

El 4 de abril de 2017, en el Consulado de México en Los Ángeles tuvo lugar una reunión poco habitual. Ocho integrantes de la Conago, la Comisión Nacional de Gobernadores de México –entre ellos el de Morelos, Graco Ramírez; el de Oaxaca, Alejandro Murat, y el jefe de gobierno de la Ciudad de México, Miguel Ángel Mancera–, viajaron a esta ciudad para anunciar un acuerdo en defensa de los derechos de los inmigrantes mexicanos en Estados Unidos. Esta visita, además de darse a unos meses del inicio en México del proceso electoral de 2018, ocurrió en el contexto de un programa lanzado por el gobierno mexicano tras el triunfo de Trump, que consta de 11 medidas para proteger a los "connacionales" –a los funcionarios mexicanos les encanta usar esa palabra para referirse a los migrantes–. En ambos anuncios se dijo que uno de los objetivos era "estar preparados" en caso de que Trump iniciara un proceso de deportación masiva.

Como parte de su campaña electoral, Donald Trump dijo que deportaría a los 11 millones de indocumentados que viven en Estados Unidos, de los cuales la mitad son mexicanos. La mayoría de los medios en México, y algunos en Estados Unidos, repitieron sin cesar la frase sin investigar lo que esto significaría. Si fuera posible deportar a 11 millones, ¿por qué nadie lo ha hecho?

Durante los dos periodos de la presidencia de Barack Obama, el gobierno estadounidense deportó a un promedio de 400 mil personas por año. Este es el mayor número de deportaciones registrado en la historia de Estados Unidos: tres millones en esa administración. Deportar personas a un ritmo mayor implicaría una cantidad de recursos económicos y humanos de los cuales difícilmente puede disponer el gobierno estadounidense. Esto lo sabe Donald Trump: en la primera entrevista que dio como presidente electo, moderó la cifra y dijo que las deportaciones en realidad serían de entre dos y tres millones de personas, el saldo del gobierno Obama. En los primeros cien días de la administración Trump, los arrestos por violaciones a la ley de inmigración fueron de 40 mil personas –atención: los arrestos no necesariamente significan deportación–, un tercio más que en el mismo periodo de 2016, pero una cantidad similar al mismo periodo en 2013 y 2014.

Si el gobierno mexicano dice estar preparado para recibir a quienes podrían ser –o podrían no ser– deportados, ¿por qué no hizo nada durante los ocho años en los que sí se registraron deportaciones de mexicanos a un ritmo de mil al día –abandonados, desempleados, rechazados por su sociedad, limitados en sus opciones por su gobierno?- ¿Por qué en todos estos años no se ha pronunciado con firmeza contra los ataques raciales, antiinmigrantes, de los que son víctimas cada día cientos de mexicanos en este país? ¿Por qué entre los alarmistas de las redes sociales existe tan poca solidaridad, o a veces un franco desdén, para el migrante que vuelve, para sus hijos que regresan sin saber español o hablando con acento, extrañando Estados Unidos? ¿Por qué la amenaza y la emergencia solo existen cuando van acompañadas de la figura del gringo malo, muy malo, encarnado por Trump?

Estados Unidos ha aplicado por décadas políticas imperialistas y un aparato arrollador, inmoral, que ha afectado a países como México, pero los gobiernos mexicanos han hecho uso de dichas políticas como argumento para lavarse la cara cuando ellos han arrollado a su propia gente, radiantes de impunidad; el turbio, doloroso gobierno de Trump representa una nueva coartada por al menos cuatro años más. En ese proceso, los migrantes mexicanos en Estados Unidos –y los 24 mil millones de dólares en remesas que envían a México cada año– se han vuelto la moneda de cambio.

***

Las trece historias que componen este libro son un reflejo de la historia de millones de mexicanos en Estados Unidos. La mayoría de sus protagonistas llegaron a este país de manera indocumentada; algunos han logrado regularizar su situación migratoria, otros aún luchan por ello. Tres de ellos llegaron al país con documentos, pero encontraron la barrera del lenguaje, del origen, del color de piel o la orientación sexual. Algunas historias tienen que ver con el trabajo de la comunidad mexicana en Estados Unidos por la defensa de derechos civiles: el derecho a la salud, a la educación, al trabajo digno, al acceso a la información, a la reunificación familiar, a la representación política, a vivir con tranquilidad en la tierra que uno trabaja y que, a pesar de todo, uno ama.

Cada una de estas historias incluye una entrevista realizada ex profeso para este trabajo, pero también relatos, pequeñas subhistorias que he cubierto durante los últimos trece años, una parte de ellas mientras fui reportera para el diario *La Opinión*, en Los Ángeles, y algunos otras como colaboradora del diario mexicano *El Universal*. Las he incluido con la intención de dar un contexto más amplio a los asuntos abordados. Para recordar que lo que hoy algunos perciben como una excepción, es una historia de treinta años de resistencia.

Mi intención es que quienes lean este libro encuentren en él herramientas para sentir un poco más cerca al México del norte: a los millones de mexicanos que con gran valor ayudan a mover los engranes de la maquinaria estadounidense y que con enorme generosidad contribuyen a paliar la pobreza de aquellos a quienes dejaron en casa. Ojalá que a través de sus historias, más allá de la coyuntura política y el discurso partidista, podamos verlos como la esencia de dos países que se encuentran en deuda con ellos.

1. Capitán de su gente

Al Labrada, 47 años

Ciudad de México/Los Ángeles, California

El 22 de marzo de 2017, el Departamento de Policía de Los Ángeles, LAPD, anunciaba nuevos cargos para algunos de sus elementos. Entre ellos, se encontraba el nombre de Alfred "Al" Labrada, quien de ser teniente era ascendido a capitán.

El camino de Al para llegar a ese momento inició en 1975, cuando junto con su madre y sus hermanos cruzó la frontera sin documentos migratorios. Que un chico mexicano, hijo de una familia indocumentada de la zona este del condado de Los Ángeles, aspirara a un cargo de alto mando en la policía habría sonado imposible para cualquiera en aquel momento. Cuatro décadas después, Al tiene bajo su mando la relación de la comunidad con el LAPD.

En un momento en el que el presidente de Estados Unidos lanza acusaciones denigrantes en contra de los inmigrantes mexicanos, decenas de chicos cuyas familias han venido a este país buscando una oportunidad, algunos de ellos sin documentos, se ven reflejados en la historia del capitán Labrada y saben que hoy la oportunidad existe.

***

Cuando Alfred "Al" Labrada tenía dos años de edad, su padre murió. La madre quedó a cargo de la familia y por tres años reunió el dinero suficiente para migrar con sus hijos a Estados Unidos. Al tenía cinco años, de manera que no recuerda el cruce, pero sabe que lo hicieron por California, que llegaron al país sin documentos, a la ciudad de Rosemead, y que más adelante se cambiaron a la ciudad de El Monte.

Como ocurre con un gran número de mujeres migrantes que llegan a Estados Unidos, la madre de Al empezó a trabajar limpiando casas. Esa zona del sur de California, el sureste del condado de Los Ángeles, hoy se caracteriza por tener una elevada población migrante, especialmente latina; sin embargo, en esa época, recuerda Al, no había tantos latinos. Las familias para las que trabajaba su madre en la ciudad de Arcadia eran principalmente anglosajonas; algunos eran amables y otros, la verdad sea dicha, solían ser irrespetuosos. El ambiente en la memoria de Al era de intimidación.

–Recuerdo haber tenido mucho temor de viajar. Teníamos familia en San Diego y en otras partes de California, y viajábamos en un autobús Greyhound, porque durante mucho tiempo no tuvimos coche, y nos preocupaba mucho cruzar por la garita de San Clemente, donde a veces te revisaban tus papeles. Son recuerdos que tengo de esa época, de cuando era niño: vivir siempre con un poco de temor –recuerda el capitán. A pesar de que su familia logró regularizar su situación migratoria cuando él tenía 13 años, esta sensación de incertidumbre permaneció con él por algún tiempo.

A los 16 años, Al empezó a trabajar en un restaurante de la cadena Taco Bell para ayudar a su mamá y a sus tres hermanos, y también empezó a atraerle la idea de entrar a las fuerzas armadas. Le gustaba la disciplina que veía en quienes estaban en el servicio militar, la oportunidad que le daría de estudiar una carrera en un momento en el que en la familia no había mucho dinero para eso y también la oportunidad de permanecer en el país. A su madre no le gustaba mucho la idea, pero sí quería que su hijo recibiera la oportunidad de seguir estudiando, así que Al se enroló. Estuvo por un año en la reserva, y esto le ayudó a acelerar su proceso de naturalización; a los 18 años obtuvo la ciudadanía estadounidense. Al empezó a ir a la universidad y después de fue llamado para estar en el frente. Pasó un año en la guerra del Golfo Pérsico y después regresó a casa.

La decisión que tomó el joven Al no es inusual entre la comunidad hispana en Estados Unidos, particularmente en estados con elevada población de este grupo étnico, como California o Texas. En 2015, 12 por ciento de los miembros en activo de las fuerzas armadas en el país eran hispanos, el triple que en 1980. Muchos de ellos lo hacen porque se identifican con el sentido de disciplina que Al describe, pero también, como él, porque esto les facilita el acceso a la educación superior, que de otra manera no podrían obtener. En Estados Unidos, dos terceras partes de los hispanos que entran a trabajar o a las fuerzas armadas inmediatamente después de terminar la preparatoria, en lugar de ir a la universidad, aseguran que han debido tomar la decisión debido a la necesidad de apoyar económicamente a su familia; en comparación, cuando son cuestionados de la misma manera, solo una tercera parte de los jóvenes anglosajones citan esta razón para no ir a la universidad.[1]

Hace unos años, en 2013, tuve la oportunidad de presenciar la ceremonia del Memorial Day, que se realiza cada el último lunes de mayo en el Cementerio Nacional de Riverside, en California. Este es el tercer cementerio militar más grande del país y el que ha recibido la mayor cantidad de restos de militares desde el año 2000. Por mucho que uno haya visto las imágenes en el pasado en películas, o que haya leído historias, no deja de ser conmovedor ver a las familias recordando a sus seres queridos muertos en combate: lo mismo a un joven de 22 años que no volvió de Irak, cuya fotografía lleva en brazos una jovencísima viuda, que a un compañero de batalla que cayó en Vietnam, recordado por un veterano de esa guerra.

Esta fecha siempre trae consigo sentimientos mezclados en Estados Unidos. Por una parte, están quienes consideran que estas muertes son el precio que hay que pagar por la libertad de la cual se goza en su país; por otra, abundan las denuncias de aquellos que consideran que algunas de estas guerras sirven a intereses creados por los grandes poderes económicos y políticos nacionales, que usan a quienes se enlistan en las fuerzas armadas como herramienta desechable para alcanzar su fin. Más allá de la interminable polémica en torno esta discusión, la realidad es una: los muertos, muertos están, y el dolor de aquellos a quienes dejan atrás es lo que perdura.

Entre los rostros de dolor que vi durante la ceremonia de aquel día, me llamó la atención la gran cantidad de latinos en el lugar. Algunos portaban las insignias de sus batallones, de los grupos que formaron con otros veteranos una vez que volvieron a casa o de los sitios a los cuales fueron enviados. Los nombres de Vietnam, Irak y Afganistán, bordados en escudos y portados en sacos y chalecos, se repetían bajo los rostros morenos de hombres con apellidos como Rodríguez, Gutiérrez o Lanas.

El 12 por ciento de hispanos en las fuerzas militares activas del país equivale a más de 150 mil personas. Algunas agencias son más populares que otras; la Marina (Navy) cuenta con 14 por ciento de integrantes latinos, y en el caso de los *Marines*, el cuerpo de élite de las fuerzas armadas, la cifra es del 15 por ciento. Los números tienden a ir a la alza, entre otras cosas, porque existen iniciativas que buscan que se cree un camino a la ciudadanía para algunos inmigrantes indocumentados a través del servicio militar; pero a esto se suman también las agresivas campañas de reclutamiento en las comunidades latinas bajo el eslogan "Yo soy el Army", así, en español, usualmente encabezado por reclutadores también latinos que en ocasiones visitan directamente las escuelas o los hogares de la familias de este grupo étnico, lo cual no es habitual en vecindarios con habitantes de otras nacionalidades. En estos casos, uno de los incentivos utilizados por los reclutadores es el acceso de los jóvenes a la educación superior a través de su incorporación las fuerzas armadas. En una encuesta realizada en 2012, 12 por ciento de los latinos que se enlistaron mencionaron esta como la principal razón para hacerlo.[2]

Tal vez hoy es difícil, tanto para Al como para muchos otros hombres en edad madura que debieron tomar la decisión durante en las últimas décadas del siglo pasado, identificar cuál fue el móvil más fuerte para decidir sumarse a las fuerzas armadas. Lo que es un hecho es que la experiencia los cambia para toda la vida. En el caso de Al, cuando volvió a casa en 1992, lo hizo decidido a dos cosas: a continuar sus estudios y convertirse en bombero o policía. Y finalmente se decantó por la segunda opción.

***

A Manuel Jamines le disparó un agente del LAPD el 5 de septiembre de 2010, frente al MacArthur Park. De acuerdo con testimonios del policía y sus compañeros, la razón para disparar fue una amenaza a su seguridad tras haber ordenado a Jamines, quien presuntamente portaba un cuchillo, que se detuviera y pusiera las manos en alto. La orden le fue dada varias veces en inglés y en español. Jamines, migrante indígena guatemalteco, no entendía ninguno de los dos idiomas; solo hablaba quiché. Recibió un disparo en la cabeza, otro en el cuerpo, y murió en el lugar.

El caso provocó protestas y denuncias de abuso policíaco por parte de activistas de la comunidad latina en esa ciudad –algunos de ellos alegaban que Jamines no iba armado–, pero también lanzó los reflectores sobre un asunto que por varios años ha preocupado a las organizaciones de migrantes indígenas en California: al tiempo que se busca integrar a la sociedad estadounidense a quienes llegan a este país sin dominar el inglés, es preciso informar y educar a las autoridades y servidores públicos que tienen a su cargo parte de esta integración para que el resultado sea un éxito, o por lo menos no acabe en tragedia.

Aunque California es uno de los estados que más ha avanzado en términos de reconocimiento de los derechos de quienes hablan un idioma distinto al inglés, e incluso cuenta con servicios de traducción e interpretación en diferentes idiomas en agencias de gobierno y oficinas de servicio público, un error común es creer que todo migrante proveniente de un país latinoamericano tiene como primer idioma el español. De esta manera, es común encontrar que en cortes, hospitales o departamentos de policía, se asigna un intérprete en español a quien debe hacer una declaración o rendir un testimonio, aun cuando su domino de este idioma sea básico o nulo. Las consecuencias, como se ha explicado antes en este libro, abarcan desde complicaciones jurídicas y de salud, hasta la pérdida de la vida en casos extremos.

En la historia de Estados Unidos, el conflicto racial ocupa un espacio importante, pero en la mayoría de las ocasiones se centra en la dicotomía blanco-negro, afroamericano-anglosajón.

Sin embargo, esta historia es mucho más complicada: involucra a indígenas nativos americanos, a asiáticos y, desde luego, a latinos. Y de esto casi no se habla. En Estados Unidos, parece que no hay un registro, una línea de tiempo, que explique, o al menos enuncie, la violencia de Estado en contra de los latinos.

De acuerdo con las estadísticas de la Oficina de Justicia de Estados Unidos,[3] a pesar de que los hispanos conforman 17 por ciento de la población del país, representan 23 por ciento de las personas detenidas por la policía para ser revisadas y treinta por ciento de los arrestos. Entre las minorías, los latinos son el segundo grupo con el mayor número de asesinatos a mano de la policía después de los afroamericanos –16 y 25 por ciento, respectivamente–.[4]

Esto no es nuevo. Para Al Labrada, precisamente un recuerdo de juventud es haber sido detenido por la policía de la ciudad de El Monte o de Los Ángeles, cuando visitaba familiares en el barrio de Highland Park y atestiguar el trato que le daban a la gente latina, lo cual no le gustaba nada. Se dio cuenta de que en ocasiones los detenían sin motivo aparente y les faltaban al respeto. No había latinos: los policías eran altos y rubios; tampoco había muchas mujeres. Al pensó que, si hubiera más agentes de policía latinos, que se identificaran con las personas de la comunidad, tal vez las cosas podrían hacerse mejor, así que un día se presentó en la estación de Policía para preguntar cómo ingresar. Entró a la academia en mayo de 1993.

–En ese tiempo apenas empezaban a ir los latinos al Departamento de Policía de Los Ángeles (LAPD); donde yo estaba éramos como 40 elementos y solo cinco éramos latinos. Ahora somos 48 por ciento latinos, y he visto generaciones donde hay hasta sesenta por ciento –dice con evidente orgullo sobre la representación hispana entre los casi 10 mil agentes que forman parte de LAPD.

Los hispanos son el grupo étnico con el mayor crecimiento en los departamentos de policía de todo el país.[5] En 2013 constituían 12 por ciento de los oficiales que trabajaban tiempo completo, siete por ciento más que la cifra de los años ochenta; a pesar de ello, aún están subrepresentados con respecto al 17 por ciento de la población hispana en Estados Unidos.

Una encuesta realizada en 2016[6] indica que los oficiales hispanos tienen sentimientos encontrados con respecto a su trabajo. Dos terceras partes de ellos dijeron que su trabajo con frecuencia, o casi siempre, les hace sentir orgullosos, y la mitad de ellos explicó que les hace sentir satisfechos o que llena sus expectativas; sin embargo, al mismo tiempo, muchos de ellos expresaron algún descontento: la mitad dijo que su trabajo casi siempre les hace sentir frustrados, y uno de cada cinco comentó que les hace sentir con frecuencia enojados.

Siete de cada 10 consideran que los incidentes entre los negros y la policía han hecho más difícil su trabajo y que los oficiales en sus departamentos ahora son menos propensos a detener a la gente y cuestionarla cuando la ven sospechosa. Seis de cada 10 agentes hispanos y negros dicen que la identificación de inmigrantes indocumentados debería ser una competencia federal, postura contraria a la de sesenta por ciento de los agentes anglosajones, que consideran que la policía debería tener un rol más activo.

–Mucha gente no sabe de dónde vienen los oficiales, sus historias personales, que podrían ser interesantes y podrían ayudar a que se identificaran con ellos –me dice Labrada, quien es el mejor ejemplo de lo que dice: en el año 2000 fue ascendido a sargento; en 2014 logró el cargo de teniente, y en marzo de 2017 lo nombraron capitán. El joven que soñó con cambiar la forma en la que la policía trataba a los migrantes lleva casi un cuarto de siglo en las filas del LAPD.

–Hay oficiales de Oaxaca, de El Salvador, de Guatemala, que vinieron a Estados Unidos con muchas dificultades. La gente no sabe que los oficiales vivieron los mismos problemas que ellos, que han sido indocumentados o hijos de indocumentados; que han enfrentado racismo, maltrato; que han vivido muchas de las situaciones de las que hoy nos quejamos en todo el país.

La primera vez que vi en persona a Al Labrada, entonces teniente de LAPD, fue en una reunión comunitaria en el barrio de Koreatown, en el centro de Los Ángeles. En esa ocasión, 14 policías, que portaban sus uniformes de servicio, armas a la cintura incluidas, llegaron puntualmente a uno de los espacios que suelen ser sede de los eventos organizados por el Centro Binacional para el Desarrollo Indígena Oaxaqueño (CBDIO). En conjunto con el Frente Indígena de Organizaciones Binacionales (FIOB), LAPD celebraba el octavo Taller Anual de Competencia y Cultura para funcionarios públicos y agencias no gubernamentales, que tiene por objetivo sensibilizar a quienes están a cargo de prestar servicios a las comunidades inmigrantes o de la aplicación de la ley, sobre la realidad de las comunidades indígenas, su diversidad étnica y la existencia de marcas culturales, usos y costumbres.

–En general tenemos una buena respuesta por parte de los policías –me dijo entonces Gaspar Rivera-Salgado, académico de la UCLA y uno de los fundadores de FIOB–. El reto en ocasiones son los agentes que son de origen latino que se molestan porque alguien más les habla de las comunidades migrantes de sus países de origen, siendo que ellos ya lo saben todo. Pero la cosa cambia cuando descubren que no, no lo saben.

Aunque al inicio del taller resultó evidente la apatía de algunos de los agentes, la actitud se fue modificando conforme avanzaban las presentaciones. Rivera-Salgado explicaba, por ejemplo, las dificultades para aprender inglés o cualquier otra lengua, puesto que quienes hablan un idioma indígena no saben leer ni escribir. Aprender otra lengua es un proceso de educación y debes tener la infraestructura para ello Si eres iletrado en tu lengua, es poco probable que aprendas, que navegues adecuadamente la otra.

Otro tema es el de la diversidad lingüística entre quienes provienen de regiones que aparentemente podrían ser similares. Con enorme paciencia y alternando mapas del sur de México, los ponentes fueron marcando las diferencias entre las familias lingüísticas. Aunque en varias regiones se hable zapoteco, las variantes de este idioma pueden provocar que originarios de diferentes regiones no se entiendan entre sí, incluso si provienen del mismo estado. Por ejemplo, explicaban, quienes vienen de Oaxaca no solo hablarán más de una variante de zapoteco, sino también de mixteco, chatino o triqui. ¿Cómo comunicarse entonces con alguien cuando se ha identificado que solo habla una lengua indígena? Los policías, en este punto, mantenían la vista clavada al frente buscando la respuesta. Un hombre mexicano entre la audiencia ayudaba a un afroamericano, ambos activistas, a entender estas diferencias. Le ponía el ejemplo de la palabra "tortilla", con un significado en el español que se habla en México y otro distinto en el español que se habla en España. "¿Entonces es un idioma diferente?", preguntaba el segundo. "No, es el mismo idioma pero las palabras no significan lo mismo". Una policía rubia escuchaba con atención y tomaba nota. Labrada sonreía satisfecho.

–El departamento [de policía] trabaja para evitar que la falta de comunicación se vuelva un factor de conflicto en casos como el de Jamines, y también para crear un clima de confianza entre la comunidad inmigrante en general, en especial la indígena, y las agencias del orden –me dijo Labrada al terminar aquel evento–. Sabemos que hay gente que no denuncia casos de violencia doméstica o emergencias al 911 porque no tiene manera de comunicarse.

Tres años después de aquel evento, sostuve una conversación telefónica con Al Labrada. Eran principios de 2017, Donald Trump acababa de tomar posesión como presidente, y el alcalde de Los Ángeles, Eric Garcetti, acababa de refrendar su compromiso con la comunidad angelina de mantener a Los Ángeles como ciudad "santuario": las autoridades locales, y muy específicamente LAPD, no harán tareas de agentes de inmigración porque eso es competencia federal. En nuestra charla, le recordé a Al lo ocurrido en aquel evento de sensibilización cultural para sus oficiales y le pregunté si la postura del liderazgo del LAPD era la misma.

–Muchos de los oficiales al principio no entienden bien cuál es el propósito de su labor en el departamento, por qué es importante –me respondió–. Muchos de los oficiales jóvenes quieren ir a la calle a buscar personas malas, a los que cometen delitos, a quitar armas de las calles, pero no le dan importancia al concepto de construir confianza en su comunidad. Nosotros seguimos convencidos de que la única forma en la que vamos a desarticular a los "malos" es entender cómo funciona cada comunidad y qué es lo que provoca el temor y la desconfianza. Nosotros seguimos haciendo nuestro trabajo.

***

Es viernes por la noche y en una casa en el sur de Los Ángeles, un letrero anuncia que es viernes de tlayudas. Con el atractivo eslogan "Tlayúdate que yo tlayudaré", oaxaqueños integrantes del FIOB preparan el plato tradicional para vender a la gente de la comunidad, y al mismo tiempo organizan foros informativos para prepararse ante el posible embate contra la comunidad inmigrante en la era Trump.

–Lo primero que quiero reiterar es que la policía de Los Ángeles no va a detener inmigrantes por no tener documentos.

Al Labrada estaba a unos días de ser nombrado capitán, pero su trabajo de relaciones públicas con la comunidad, especialmente con los inmigrantes latinos, es bien conocido entre activistas y vecinos de los barrios del centro, sur y sureste de la ciudad, desde hace varios años. Alto, fornido, de cabello y ojos obscuros, y sonrisa amable, Al hace sus presentaciones en español, con propiedad, pero también tratando de usar un lenguaje coloquial y cercano.

–Lo hemos dicho antes: tenemos suficiente trabajo con los criminales locales; no vamos a empezar a hacer tareas de agentes de inmigración.

Al aún teniente lo espera una tlayuda recién hecha en su mesa, pero antes de comerla se dirige a la audiencia de unas 30 personas que han venido a hacer preguntas: ¿Qué pasa si van a denunciar un caso de violencia doméstica y les piden documentos? ¿Qué tal si llega un agente de inmigración a su casa? Si alguno tiene un delito previo –Trump ha dicho que deportará criminales–, ¿cómo protegerse? Si los hijos son *dreamers* con DACA (Acción Diferida para los Llegados en la Infancia), ¿vendrán por ellos primero?

Labrada responde a cada pregunta en tono tranquilizador. Recuerda que, aunque Trump puede firmar órdenes ejecutivas, no hay un presupuesto aprobado aún para aumentar la contratación de agentes de inmigración, de manera que de momento no aumentará considerablemente el número de detenciones.

Si alguien es detenido, tiene derecho a ir ante un juez, pero tampoco hay más presupuesto para suficientes jueces, de manera que los juicios pueden tomar años en celebrarse. Al pone un ejemplo: hay gente detenida ahora que tiene cita para ir a corte en 2019. Como tampoco hay más dinero para los centros de detención, sería imposible tener a todo el mundo detenido hasta entonces; la gente podría salir bajo palabra a esperar su fecha de juicio. Y para cuando todo eso pase, el Congreso ya habrá celebrado nuevas elecciones y se acercará también la siguiente elección presidencial. Pero lo anterior, agrega, no significa que haya que bajar la guardia.

Cuando Al termina de hablar –y se sienta a comer su tlayuda un poco fría–, toma la palabra el abogado Roberto Foss, un "gringo", como él se define, con evidente dominio del español coloquial, que incluye en su discurso un par de palabras altisonantes que relajan a la audiencia. Foss explica cómo una orden ejecutiva como las que ha firmado Trump en sus primeras dos semanas no cambia las leyes de migración vigentes; esas solo dependen del Congreso. Lo único que podría cambiar es la situación de quienes son beneficiarios de DACA; aun así, dice, duda que empiece un arresto masivo de estos chicos. Insiste en que la gente debe estar informada, conocer sus derechos y no dejar que les gane el miedo.

–No voy a decirles que no se preocupen, pero sí que se informen. No creo que aquí en Los Ángeles alguien llegue a sus casas a tocar la puerta, pero sí hay que entender cómo funciona el sistema para saber qué hacer: pedir un abogado, guardar silencio, no firmar ningún documento, pelear su caso hasta el final. Las cortes aún están ahí para resolver –dice el abogado a los que han asistido por algo más que una tlayuda–.

Justo esa noche, mientras Foss hablaba sobre recursos legales, un juez del estado de Washington fallaba en contra de la orden ejecutiva de Trump conocida como *muslim ban* e impuso una suspensión temporal a la medida a nivel nacional. Un día después, el presidente perdería también en una corte la solicitud de apelación.[7]

Días después, Al me comentó que lo que más preocupa ahora en LAPD es el temor que ha invadido a los indocumentados por las redadas. Desde la llegada de Trump, los rumores en redes sociales afirmando que agentes de ICE están deteniendo gente en la calle se han multiplicado. La gente se asusta, la desconfianza crece.

–A veces no tenemos control sobre las cosas que causan temor. Muchas veces es mala información; entonces hay que trabajar con esas comunidades. Mucha gente no sabe lo que ocurre en las calles con la violencia, los incidentes que los policías deben enfrentar. Hay 1.2 millones de contactos de un agente con el público cada año, y menos de 0.5 resultan en un incidente de violencia. Pero hay desconfianza, es un hecho. Tenemos que trabajar en las comunidades por todo el país para ganar la confianza, porque estos incidentes provocan ansiedad no solo en la comunidad, sino en nosotros, porque no sabemos cómo reaccionará la comunidad.

Al tiene un hijo de 11 años, que y dice que cuando sea grande quiere ser astronauta. Que el hijo de un mexicano que llegó a Estados Unidos indocumentado aspire a ser astronauta puede sonar imposible; pero, en casa de los Labrada, las oportunidades se ganan a pulso.

2. ¿Por qué Estados Unidos no nos quiere?

Claudia Amaro, 40 años, y
Yamil Yáujar, 47 años
Tijuana, México-Durango, México/Wichita, Kansas

¿Cuántas veces puede una persona empezar una vida de cero? Claudia Amaro puede responder a esa pregunta. Lo tuvo que hacer una vez, a los 10 años de edad, cuando, asesinaron a su padre. Lo hizo en una segunda ocasión a los 13 años, cuando su madre decidió mudar a toda la familia, ella y sus tres hermanas, a Estados Unidos; huían de la violencia. Un tercer borrón y cuenta nueva vino a los 30 años de edad, cuando una orden de deportación para Yamil, su esposo, le arrebató la vida y la familia construidas durante las últimas dos décadas, arrojándolos a él, a ella y a su hijo estadounidense de vuelta a un México con el cual ella sentía que no la conectaba casi nada.

Y con nada que perder, con la esperanza de recuperar un poco de lo que consideraba suyo, en 2013, a los 37 años de edad, Claudia cambió su vida por cuarta vez: se preparó para estar en un centro de detención de Estados Unidos el tiempo que fuera necesario, cruzó la frontera y se entregó en la garita solicitando asilo político a este país. Unos meses más tarde, Yamil, su esposo, hizo lo mismo. Claudia pasó tres semanas detenida; Yamil, 27 meses.

De vuelta en Kansas, donde ambos sienten que está su hogar, viven bajo la sombra de la deportación. Ninguno de los dos sabe si podría empezar de nuevo una quinta vez.

***

Claudia Amaro nació en Tijuana, México. Cuando tenía 10 años de edad, la familia viajó al estado de Durango y ahí su padre fue asesinado en una circunstancia que hasta la fecha no ha sido esclarecida por la ley. Durante los dos años posteriores, vivieron entre la rabia por no encontrar justicia por parte de las autoridades y la zozobra de recibir amenazas por parte de los asesinos, de manera que tres años después, cuando Claudia estaba por cumplir los 13, Elvia, su madre, decidió que se iba al estado de Colorado, en Estados Unidos, con sus cuatro hijas; Claudia es la mayor.

–Había pocos hispanos en esa época; en la escuela éramos solo tres o cuatro mexicanos no nacidos allá y el primer año fue muy difícil: no sabía el idioma, sufría de *bullying*. Pasé muchos días sin comer en la escuela porque no conocía el sistema, no sabía cómo tomar una charola y servirme comida.

La primera vez que hablé con Claudia fue en 2013, tras hacer contacto a través de Facebook, debido a una serie reportajes que yo había publicado y en los que ella estaba interesada. Ella aún vivía en México y por esta vía me contó su historia y su intención de volver a Estados Unidos, así que decidí conversar con ella para tener más detalles. En los años posteriores hemos seguido en contacto, de manera que he documentado tanto sus experiencias previas a ese año a través de nuestras entrevistas, como el camino que ha seguido su familia en los años posteriores a su solicitud de asilo político en Estados Unidos.

Se requiere de una gran tenacidad para que una niña de 13 años se sobreponga a los obstáculos que significa iniciar una vida escolar y social en un país nuevo, con un idioma nuevo y en una estructura que no se conoce. Claudia la tuvo y, con el apoyo de algunos compañeros y de una de sus maestras, se convirtió en la primera estudiante hispana en obtener un diploma en álgebra en su escuela de Colorado. Cuando cumplió 17 años, la familia se mudó una vez más, esta vez a Wichita, Kansas. Ahí empezó a construir a quien sería la Claudia adulta, en lo que califica como "los mejores años de [su] vida".

–Me sentí por primera vez en casa. No extrañaba México; mis hermanas y yo hicimos un grupo de jóvenes en la iglesia y ahí conocí a mi esposo. Nos casamos en 1998, cuando yo tenía 23 años. En 2000 nació mi hijo.

Yamil, el esposo de Claudia, nacido en Durango, trabajaba como pintor y jugaba fútbol en una liga semiprofesional. Claudia daba clases y cuidaba de su hijo. Su vida transcurría en paz, hasta que en abril de 2005 recibió una llamada: su esposo había sido detenido mientras conducía, habían descubierto que portaba un documento de identidad falso, y Claudia tenía que presentarse en la estación de Policía. Cuando llegó, dijo que era su esposa y preguntó qué tenía que hacer; la respuesta fue meterla en un cuarto para interrogarla, esposarla y llevarla ante las autoridades de inmigración. Tanto Claudia como Yamil salieron bajo fianza y enfrentaron en libertad un proceso de deportación que culminó en enero de 2006, con la orden de deportación de Yamil.

–Cuando argumentamos que teníamos un hijo ciudadano de seis años, el juez dijo que estaba chico y que podía adaptarse y sobrevivir en México –me contó Claudia en nuestra primera conversación por teléfono, con un audible sollozo contenido–. Durante los nueve meses que duró el procedimiento legal no pudimos trabajar; perdimos la casa que estábamos pagando, el carro, todo. Volvimos a México con una mano adelante y otra atrás.

El doloroso proceso de adaptación al que tuvo que enfrentarse cuando migró hacia Estados Unidos se repitió una vez más, ahora por partida doble: Claudia y su esposo tuvieron que ajustarse a una realidad que ya no era la suya, y su hijo, a un mundo que no conocía. Se fueron a vivir a Torreón, donde se encontraba la familia de Yamil. Cuando su hijo llegó, lo bajaron un grado en la escuela porque no dominaba el español; hubo que buscarle un colegio privado donde le pusieran más atención, pero ni así se salvó de las bromas y las humillaciones de los compañeros por ser estadounidense. Todavía unos meses antes de salir de México, Claudia y su esposo tuvieron que presentar una denuncia formal debido a que entre seis niños golpearon a su hijo por su origen.

–Le decían "pocho", se burlaban de él, y en primero de primaria cayó en una depresión fuerte; tuvimos que ir a terapia psicológica. La terapeuta nos decía a mi esposo y a mí que parte del problema era que nosotros no terminábamos de aceptar que vivir en México ya era nuestra realidad, pero ¿cómo lo íbamos a aceptar? Teníamos siete años ahí y no podíamos adaptarnos. Yo no me siento ni americana ni mexicana: yo me siento un ser humano que tiene su casa en Wichita, que es donde está mi familia y mi historia.

Mientras Claudia hablaba, podía sentir en su voz la ira y la frustración. Me contó que unos meses antes los tres fueron víctimas de un asalto a mano armada: Yamil vio cómo le ponían una pistola en la cabeza a su papá. Después de eso, el chico, entonces de 13 años, empezó a negarse a salir a la calle.

Fue así como decidieron que buscarían la manera de regresar.

–La primera vez me fui de México porque mataron a mi papá y las autoridades no hicieron nada; yo no quiero una vida así para mi hijo. Quiero regresar a mi casa, quiero que mi hijo viva la vida a la que tiene derecho como ciudadano estadounidense, porque aquí ha sufrido cosas que no debía. Yo voy a Estados Unidos, a la tierra de los inmigrantes, a que me reconozca como hija. Amo a la gente de México, admiro lo trabajadora que es, pero mi corazón tiene barras y estrellas. Yo voy a regresar a casa.

Unos días después de nuestra conversación, el 22 de julio de 2013, Claudia y otros ocho jóvenes caminaron hacia la garita de Nogales, sonrientes y acompañados por un grupo que gritaba: "*Undocumented and unafraid*". Yamil Jr., su hijo, iba con ellos. Al llegar al cruce, la madre de Claudia esperaba a su nieto del otro lado; el chico entró sin problema de vuelta a su país. Claudia lanzó una última mirada a su hijo antes de entregarse; la esposaron, la subieron en un camión y la llevaron al Centro de Detención de Eloy, en Arizona.

***

Eloy está en medio de nada. Los 186 kilómetros que separan a Phoenix de Tucson, las dos ciudades más importantes del estado de Arizona, son puro cielo y desierto; a mitad del camino se encuentra el centro de detención. Para llegar a Eloy hay que conducir por la interminable autopista 10, la arteria que atraviesa Estados Unidos y conecta el Océano Pacífico en California, con el Atlántico en Florida. En ocasiones, el camino está azotado por el viento que arrastra cortinas de tierra arenisca contra los autos; en otras, el sol que quema durante 12 horas al día calienta el pavimento y hace que los neumáticos de los autos revienten. Cuando uno llega a la salida marcada con el letrero de Casa Grande, es el momento de dar vuelta a la izquierda, entrar por un camino polvoriento y avanzar 25 kilómetros hasta un conglomerado de cemento y hormigón plantado groseramente en el corazón del desierto, formado por tres centros correccionales y el centro de detención de inmigrantes. Estos cuatro edificios mantienen en latencia más de cinco mil vidas contenidas por muros de alambre y electricidad.

Eloy es uno de los seis centros de detención de Arizona operados por la empresa privada que administra la mayor parte de las prisiones concesionadas en Estados Unidos, que antes se llamaba Corrections Corporation of America (CCA) y que a unos días de que Donald Trump ganara la elección presidencial de 2016 cambió su nombre por CoreCivic. Cuenta con 1596 camas y es habitado por hombres y mujeres acusados de estar de este lado de la frontera sin un papel.[1] Desde hace 30 años, CoreCivic recibe ganancias millonarias por administrar personas que han sido detenidas mientras estos esperan la resolución de su caso ante un juez.

En los primeros seis meses posteriores al 8 de noviembre de 2016, el día de la elección presidencial en la que triunfó Donald Trump, las acciones de CoreCivic y de GEO, la otra principal operadora de centros de detención de inmigrantes, subieron más de 100 por ciento.[2] Esto, además de ser una grata noticia para las empresas por la bonanza financiera de esas semanas, lo fue porque significaba que su futuro estaba asegurado.

Cuatro meses antes, en el ocaso de la administración Obama, la entonces subprocuradora Sally Yates ordenó al Buró de Prisiones de Estados Unidos la reducción de los contratos de gobierno con las prisiones privadas. Tras el anuncio, tanto CoreCivic como GEO cayeron en la bolsa 40 por ciento. Dos meses más tarde, en pleno cierre de la campaña por la presidencia, CoreCivic anunciaba que tendría que hacer recortes de personal para poder ajustar su presupuesto. Trump y su contrincante, Hillary Clinton, habían presentado posturas encontradas: Clinton prometió dar continuidad a la decisión de cortar los contratos, mientras que Trump manifestó su convicción de que el sistema privado de detención es favorable para el país.

La decisión de la fiscal Yates para recortar los contratos se basó en un reporte publicado por el Departamento de Justicia (DOJ),[3] en el cual se hace un recuento sobre el crecimiento drástico del sistema de detención de inmigrantes en Estados Unidos —800 por ciento entre 1980 y 2013— y de cómo esta población se redujo, de 220 mil detenidos en 2013 a 195 mil en 2016. El pago de elevados costos por las concesiones dejó de ser una necesidad, se explica en el documento. A esto se suma un historial de denuncias por maltrato, violación de derechos humanos, explotación laboral y falta de transparencia, algunas de las cuales han resultado en sanciones económicas para los corporativos y en el cierre de instalaciones.

Sin embargo, el 23 de febrero de 2017, el nuevo procurador de Estados Unidos, Jeff Sessions, revirtió la orden dada por Yates, inyectando nueva vida a CoreCivic y a GEO. El funcionario explicó que el objetivo de mantener los contratos con los centros de detención privados obedece a las "futuras necesidades" del sistema correccional federal. Como anécdota *ad hoc*, tanto GEO como CoreCivic fueron donadores durante la campaña electoral en 2016: aportaron al Partido Republicano y a la candidatura de Trump de manera combinada, 673 mil dólares la primera empresa, y al menos 130 mil dólares la segunda.[4]

Durante los años por venir, al menos durante la administración Trump, se espera la contratación de 15 mil nuevos agentes de inmigración para hacer detenciones, aunque hasta mediados de 2017 solo existen 301 jueces en la materia para el más de medio millón de casos pendientes, más las detenciones que se realicen en los años por venir. Más detenidos implican una mayor necesidad de centros de detención privada y mayores tiempos de espera para quienes piden una oportunidad para permanecer en el país o para salvar la vida, con más ganancias que nunca para quienes hacen de la detención un negocio.

Cuando Yamil Yáujar llegó a Eloy, sabía lo que le esperaba. Siete semanas antes, Claudia había estado en el mismo lugar. La historia me la contaron a dos voces: Claudia por teléfono desde Kansas, a donde volvió tras lograr que un juez la pusiera en libertad bajo palabra mientras se resuelve su caso de asilo, y Yamil desde el área de visitas de Eloy, a donde acudí a visitarlo en febrero de 2015. Cada uno me compartió detalles de su vida en común, recuerdos a los que se aferraron durante los 27 meses en que no pudieron verse.

En la sala de visitas del centro de detención, donde dos decenas de familias acuden a estar una hora con un familiar –detenido mientras cruzaba sin documentos, o por ir conduciendo, o por estar trabajando sin la documentación adecuada, o, como en el caso de Yamil, por entregarse voluntariamente para pedir asilo–, Yamil me cuenta su parte de la historia. Estamos sentados al fondo de este salón en forma de caja de zapatos, uno frente a otro, con una mesa en medio de nosotros; en este sitio los adultos no pueden sentarse uno junto al otro. Un Yamil de 44 años me dice que, durante los años que él y su familia vivieron en Torreón, a Claudia y a él se les dificultaba conseguir empleo, y la violencia que marcó el sexenio de Felipe Calderón empezaba a azotar la región. Las balaceras y los asesinatos se convirtieron en su realidad cotidiana. A eso siguieron los casos de extorsión. Y un día les tocó a ellos.

Tras unos años de esfuerzo, Yamil había puesto un puesto local de venta de hamburguesas. Apenas tenía unas semanas de haber abierto y tenía una camioneta que no era nueva, pero que les funcionaba para el negocio. El 26 de enero de 2012, el día del cumpleaños de Yamil Jr., llegaron dos hombres y preguntaron de quién era la camioneta. Yamil respondió que de él, y los hombres dijeron que se la iban a llevar porque tenía reporte de robo, a pesar de que Claudia ofreció mostrarles el título de propiedad. Subieron a Yamil al vehículo, se marcharon, y horas más tarde la familia recibió una llamada pidiendo dinero, el equivalente a mil dólares, a cambio de la libertad de Yamil; sus familiares reunieron el dinero y él pudo volver a casa. Semanas después, pistola en mano, le quitaron el vehículo.

–Después de eso pasaron tres días checando el negocio. Tuve que cerrarlo –me dice Yamil con una mirada triste, pero sin derrota ni rencor. El uniforme, una pijama color caqui, lo hace ver aún más delgado; el pelo corto, a ras de cráneo, resalta sus ojos vivaces, como dos capulines.

Unos meses después, Yamil y Claudia tuvieron que acudir al ministerio público de Torreón para presentar una denuncia, debido a que su hijo había recibido una paliza por parte de otros niños –los que lo insultaban diciéndole "gringo" y "pocho"–. Mientras rendía su testimonio, Yamil reconoció a uno de los policías en el lugar: era uno de los tipos que se llevaron su camioneta. Después de esto, no fue difícil tomar la decisión.

En julio de 2013, Claudia se entregó en la garita estadounidense y pidió asilo político. Unas semanas más tarde, Yamil hizo lo mismo. En Estados Unidos, un proceso de asilo político dura en promedio cinco años; mientras se resuelve, es prerrogativa de un juez decidir si otorga la libertad bajo palabra al solicitante o no. Claudia la recibió y fue liberada a las tres semanas, pero Yamil no. Y aunque en cualquier momento podría haber firmado una salida voluntaria para volver a México, decidió permanecer ahí.

Con los ojos brillantes clavados en los míos y tras un silencio largo, Yamil me explica por qué un hombre prefiere permanecer más de dos años en un centro de detención que volver a su país.

–Vale la pena por mi hijo. Él ahorita me extraña, pero vive tranquilo. En México no podíamos vivir.

***

A mediados de junio de 2017, Yamil y Claudia estaban en cuenta regresiva con una fecha en mente: 29 de agosto. Ese día, Yamil tenía programada una cita en una corte de inmigración de Kansas City para sostener la primera de la que podría llegar a ser una larga serie de audiencias ante un juez para avanzar en su caso de asilo. Cuando una persona que solicita asilo se presenta ante el juez, tiene que probar que tiene motivos suficientes para temer que al volver a México pueda ser vulnerada su integridad física o su vida.

Si el juez encuentra evidencia suficiente, avanzará al siguiente paso del proceso hasta que el asilo sea otorgado. Pero, si no, la persona, en este caso Yamil, puede ser arrestada ahí mismo –como ocurrió con su proceso de 2005– y ser inmediatamente deportado a México. Para Claudia y Yamil, el miedo se repite, porque la historia se puede repetir también. Esa es la diferencia entre los Yáujar Amaro y otros inmigrantes indocumentados en Estados Unidos: el miedo ante lo que se intuye que podría representar una deportación es algo que esta familia ya ha probado y que los dejó marcados de por vida.

Tras ser liberados, Claudia en junio de 2013 y Yamil en diciembre de 2015, ambos han permanecido en Estados Unidos, junto a su hijo, bajo el esquema de libertad bajo palabra. Claudia tenía su primera fecha de audiencia a finales de 2019, pero, con los cambios en las cortes de inmigración realizados por el nuevo gobierno federal, se le asignó otro juez y se le cambió la fecha de audiencia, que será en enero de 2018. Como sea, el temor es el mismo: la zozobra para esta familia se centra en las modificaciones que ha empezado a hacer la administración Trump en los criterios de prioridad para deportar personas.

En 2011, por instrucción del entonces presidente Barack Obama, se publicó un documento emitido por las autoridades de inmigración conocido como el "Memo Morton" –en alusión al entonces director de la Agencia de Inmigración y Aduanas (ICE), John Morton–, que establece que, dado que la dependencia únicamente tiene capacidad para deportar a 400 mil personas por año, los agentes de inmigración deberán enfocar sus esfuerzos en aquellos individuos que representen un peligro para el país. Esta prioridad estaría dirigida a personas que constituyen una amenaza para la seguridad, es decir, personas con antecedentes criminales o terroristas, y algunos casos con antecedentes menores a discreción de la autoridad.

Desde el inicio del gobierno Trump, los ajustes en políticas de aplicación de leyes de inmigración apuntan a que esta discrecionalidad de la autoridad podría ser usada para tipificar como "crimen" cualquier violación a la ley, incluso aquellas que constituyen faltas administrativas, lo que ampliaría el espectro de individuos que podrían considerarse como "peligrosos" para el país a conveniencia –entre ellos alguien como Yamil, quien cuenta con un cargo por uso de documentos falsos y una deportación previa–.

A pesar de que la preocupación de Claudia es legítima, la aplicación de esta discrecionalidad por parte de las autoridades de inmigración no es completamente nueva. Desde los años de la administración Obama, este recurso ha dado pie a la deportación de individuos que en realidad no cumplen con el perfil del memo Morton. Como es sabido, durante los ocho años de gobierno de Obama se registraron más de tres millones de deportaciones,[5] por encima de los dos millones de George W. Bush y de los 870 mil de Bill Clinton, sus dos antecesores inmediatos.

Desde el primer año de ese gobierno, las organizaciones proinmigrantes de Estados Unidos alertaron que, al llegar a su segundo periodo, Obama, el "presidente de la esperanza", podría convertirse en el *Deporter in chief*, deportador en jefe –un juego de palabras derivado del cargo de *Commander in chief* que tiene el presidente de Estados Unidos como comandante en jefe de las fuerzas armadas–. Durante sus tres pri-primeros años, el número de deportaciones rebasó las 390 mil, y del cuarto al sexto superaron las 400 mil. En los dos últimos años, aunque se registró un descenso, la cifra no bajó de 300 mil. El promedio de su administración fue de mil cien deportaciones diarias.

Pero, además de la magnitud numérica, el asunto de las deportaciones se convirtió en la piedra en el zapato para Barack Obama, debido al perfil de las personas deportadas. Un análisis realizado por TRAC, el proyecto de análisis de datos sobre agencias gubernamentales de la Universidad de Syracuse, publicado en 2014, encontró que, del total de personas deportadas por ICE durante 2013, 41 por ciento no había cometido delito alguno y solo 12 por ciento tenía una acusación por un delito "nivel 1" o mayor. De este último grupo, la cuarta parte presentaba como delito de mayor gravedad el reingreso ilegal al país. Un desglose por nacionalidad dentro del mismo reporte indica que más de 65 por ciento de los deportados son mexicanos.[6]

Muchas de las deportaciones realizadas bajo la administración Obama involucran a los padres de niños que son ciudadanos estadunidenses, como en caso de Claudia y Yamil. Entre julio de 2010 y octubre de 2012, las autoridades realizaron 200 mil deportaciones que involucraban a padres de hijos que tienen la ciudadanía de este país.[7] Esa cifra es el doble del número de deportaciones de este tipo realizadas entre 1997 y 2007, de acuerdo con un reporte presentado por el propio ICE al Congreso en marzo de 2012.

—Tiemblo cuando pienso en su audiencia de agosto –me dijo Claudia en una de nuestras conversaciones telefónicas, en la que hablábamos sobre los últimos detalles de su caso–. Toda la situación me regresa al pasado. En esa ocasión, cuando estuvimos en la corte, Yamil salió con una fianza de 10 mil dólares; pero, cuando llegó el día de su primera cita, le dijeron que no contaba con evidencia suficiente y ahí mismo lo detuvieron. Lo único que tengo es mi fe en Dios y en mi comunidad, porque hemos trabajado muchísimo y creo que tenemos su respaldo. Nos conocen los senadores, los representantes, el alcalde, el jefe de la policía, la gente.

Cuando se comparan sus casos, Claudia tiene más probabilidades de solucionar su situación migratoria que Yamil. Ella no tiene una deportación previa; su retorno a México fue de manera voluntaria, para estar con su esposo. Y, bajo los criterios de algunos jueces de inmigración, mientras más tiempo han pasado las personas en el país, mayor probabilidad tienen de que les permitan quedarse. Si en 2018, cuando tiene su cita en la corte, el juez decide negarle el asilo y deportarla, su hijo cumpliría 21 años en enero de 2021, tres años después de eso. Para entonces él, como ciudadano estadounidense, podría pedir la residencia para su padres.

Claudia me dice que, tras la experiencia de Yamil Jr. en México, su regreso a los 13 años para vivir con su abuela unas semanas mientras ella estaba en Eloy y luego la espera de casi dos años para la liberación de su padre, al joven no le gusta hablar del asunto. La consuela un poco saber que llegado el momento, si por alguna razón ella o su esposo se ven forzados a volver a México, él ya tiene edad suficiente para tomar la decisión de qué hacer, dónde vivir. Esto es un alivio grande: durante sus años en México, Claudia frecuentemente se sentía culpable por haber llevado al niño a vivir en una situación hostil, a pesar de que él, como ciudadano de Estados Unidos, tenía derecho a estar en su país.

La familia ha reconstruido su vida en Wichita. Claudia trabaja como asesora de vinculación familiar en una escuela y, junto con sus hermanas, acaba de establecer una pequeña empresa de interpretación y traducciones. Yamil abrió su propia compañía de pintura de casas a mediados de 2016. Y no solo no está "robando los empleos", como suelen decir las personas antiinmigrantes sobre quienes vienen de México, sino que además los genera: ya tiene contratadas a tres personas. Yamil Jr., ahora de 17 años, tiene un desempeño excelente en la escuela; desea convertirse en ingeniero.

–En lo que él decida yo lo voy a apoyar. Ahora está fascinado con su escuela, tiene sus amigos, tiene su futbol y está emocionado con la idea de ir a la universidad; tiene una novia a la que adora y no quiere salir de Wichita. Mi hijo sufrió tanto allá [en México], estuvo en cinco escuelas diferentes, lo pasó mal. Me siento bien por poder darle ahora la felicidad que no tuvo en años.

De manera paralela a su trabajo en la escuela, y como consecuencia de lo aprendido y lo vivido durante estos años, Claudia se ha convertido en organizadora de base entre la comunidad indocumentada de Wichita, compartiendo su experiencia personal con gente que se siente amenazada por el endurecimiento de las leyes de inmigración bajo la administración Trump y tratando de hablar con personas del ala más conservadora que tienen convicciones firmes, pero que también tienen poca o nula información sobre los derechos de los migrantes. Y me da un ejemplo: En Kansas, me explica, la gente es muy *pro life*, es decir, defienden el derecho del ser humano a la vida desde el momento de la concepción, por lo que se oponen a la práctica de la interrupción del embarazo. Claudia procura explicar a la gente que, si eres *pro life*, también debes saber que todo bebé, cuando nace, nace con el derecho de migrar. Los latinos, me dice, por sus creencias religiosas o por sus convicciones personales, en ocasiones votan en la misma línea que los republicanos del estado, cuya línea política conservadora en ocasiones no contempla la defensa de las minorías étnicas.

–Yo les digo que las mismas personas que están en contra de la migración son las que están en contra de la educación, de los trabajos dignos, de que los estadounidenses pobres salgan adelante; son los que quieren adueñarse del país completo. Los reto a que busquen información sobre cómo votan sus representantes en las iniciativas de educación, de inmigración, y su relación con las corporaciones grandes que hacen *lobby* y donan dinero a las campañas a cambio de que después los legisladores presenten las iniciativas que convienen a estas corporaciones. En Kansas se presentó una iniciativa de ley para reducir impuestos a las grandes corporaciones, mientras se bloquean las que pueden ayudar a la educación de las personas más pobres. No nos quieren educados porque necesitan mantenernos como mano de obra.

Claudia reconoce que incluso en estados como Kansas, donde es más difícil la organización y donde hay más resistencia, el activismo de las organizaciones proinmigrantes durante los últimos años ha dado frutos en muchos sentidos. Me dice que la gente empieza a tener más información, y me da ejemplos: algunos medios de comunicación han cambiado el lenguaje que criminaliza a los inmigrantes y han dejado de usar la palabra *ilegal* para definir a una persona indocumentada; asegura que, aunque aún existe intolerancia, hay muchas personas estadounidenses que son solidarias, y me cuenta sobre un hombre que en una ocasión, cuando se convocó a un día de paro de labores de los inmigrantes, cerró su negocio y fue hasta la casa de sus empleados a buscarlos porque se preocupó. Cuando le explicaron de qué se trataba, el señor se tomó una foto con un cartelón que decía "Un día sin inmigrantes".

–Y por ellos, yo amo a este país –me dice con emoción–.

Cuando imagina su futuro, Claudia se ve a sí misma trabajando en la escuela y dando continuidad a su labor como activista. Actualmente conduce *Planeta Venus*, un programa de radio que aborda temas de interés general desde una perspectiva femenina; colabora con el grupo Movimiento Cosecha, que promueve la defensa de derechos de los inmigrantes, e imparte el taller "Conoce tus derechos", en el que, con su experiencia personal, prepara a las familias para que hagan un plan en caso de ser detenidos: para lograr su defensa legal, para informar a sus redes e incluso a los medios de comunicación en caso de ser necesario.

Cuando llegamos al tema de la deportación, me asegura que para ella no existe una diferencia entre los gobiernos anteriores y la administración Trump.

–La división familiar es la misma, el dolor es el mismo. Quiero pensar que ahora la gente ve al enemigo más claramente y va a tratar de prepararse más, psicológicamente, en su capacidad de respuesta, en cuanto a sus documentos; pero en la acción de la deportación en sí no veo diferencia porque lo mismo sufre el que fue deportado hace 10 años y el que deportaron ayer, o el que deportarán el próximo mes. Trump habla de legalidad, pero en ocasiones lo que es legal no es necesariamente lo correcto. Antes del año 1800 la esclavitud era legal, pero no quiere decir que era lo correcto. Me gustaría decirle: espero que nunca tengas que dejar tu país. Si eso ocurriera, sentirías lo que es estar bajo un microscopio, escuchando la opinión de otros que no tienen idea de lo que has tenido que vivir.

Sobre esto, lo que ha tenido que vivir, Claudia intenta superarlo, pero no olvida: para evitar la separación familiar, asegura, perdió tiempo de su vida y de su desarrollo personal.

–Adquirí un gran conocimiento, pero en mi vida personal me sentía perdida. En México me sentía como atrapada en una botella; aquí me siento libre. Yo sé que este no es el país perfecto, pero este es mi sitio, aquí es mi hogar. Yo me siento orgullosa de ser mexicana, pero aquí en mi casa tengo la libertad de hacer lo que hago y sé que en México no la tendría, no podría hacer las cosas que hablo aquí: hablar y organizar a la gente, decir lo que yo quiera.

Antes de finalizar nuestra conversación, Claudia me contó que en una ocasión, conversando con una mujer estadounidense, le preguntó: "¿Por qué Estados Unidos no nos quiere?". La mujer le respondió: "Afortunadamente una política de gobierno no representa a todo Estados Unidos".

3. Una vida mejor

Omar León, 40 años

Atapaneo, Michoacán/Los Ángeles, California

Son las siete de la mañana y en la entrada del almacén Home Depot ubicado en Sunset Boulevard, en el barrio de Hollywood, una docena de hombres, todos latinos, esperan a que llegue el primer cliente. Un tipo rubio se acerca y, tras una breve negociación, tres hombres se van con él en una camioneta que lleva materiales de construcción: el *jale*, el trabajo, está asegurado al menos por hoy.

Para quienes no están familiarizados con la realidad de los trabajadores indocumentados en Estados Unidos, la escena parece salida de una película: *A Better Life*, traducida al español como "Una vida mejor". La cinta se estrenó en 2012, fue dirigida por Chris Weitz y aborda la vida de un trabajador indocumentado de Los Ángeles. El jornalero Carlos Galindo es el personaje interpretado por el mexicano Demián Bichir, quien lo hizo tan bien que fue nominado a un Óscar como mejor actor.

Sin embargo, la vida de Galindo, el jardinero cuya fortuna pende de un hilo debido a que carece de papeles que le permitan trabajar legalmente, no es un asunto de ficción. Cada día en Estados Unidos –afuera de un almacén Home Depot, en las zonas de venta de materiales, en estacionamientos, en las paradas de autobús– cerca de 120 mil jornaleros viven su propia historia de película en busca de, en efecto, una vida mejor.

Omar León conoce esta vida como pocos. Nacido en el estado de Michoacán, cuando estaba a punto de entrar a la adolescencia llegó a Estados Unidos con su familia y en poco tiempo se convirtió en un jornalero más: apoyaba en pintura, en jardinería, en construcción, hasta que un día decidió involucrarse políticamente y empezar a organizar a otros trabajadores para defender sus derechos. Hoy es coordinador de Desarrollo de Fuerza Laboral de la Red Nacional de Jornaleros (NDLON),[1] que promueve el liderazgo y la defensa de los derechos de los trabajadores inmigrantes.

***

–Nuestra migración no se debe a una sola razón; se debe a la crisis que ha vivido nuestro país entero por años, por décadas.

Con esa frase lapidaria, Omar explica la historia de su familia, que es la de cientos de miles de familias mexicanas en las últimas décadas. Sus padres establecieron su hogar en Atapaneo, un pequeño pueblo de Michoacán, y tuvieron cinco hijos, a quienes intentaron sacar adelante por diversos medios; cuando ninguno de sus esfuerzos fue suficiente, decidieron que irían a Estados Unidos aunque no tuvieran documentos. Uno de los hermanos mayores de Omar ya se encontraba allá, y más tarde llegaron los siguientes; él fue el último en emprender el viaje, así que durante dos años estuvieron separados. Cuentan sus hermanos que a su padre le urgía enviar por él: cuando la familia se sentaba a comer, la madre empezaba a llorar pensando que había dejado un hijo atrás. Finalmente, cuando Omar cumplió 11 años, emprendió el viaje a Estados Unidos.

–Yo crucé ilegalmente por el cerro. Después nos recogió un carro y esa fue la parte más complicada del cruce. Nos subieron en un vehículo muy compacto y nos dijeron que iba a ser bien cortito el camino. Había gente en la cajuela, mujeres sentadas que llevaban en los pies a cuatro personas; las personas sentadas llevaban los pies sobre nosotros y yo en ese momento sentí que perdía la respiración, que no podía llegar; dejé de sentir el cuerpo. Cuando llegamos al lugar donde nos bajaron, nos pusieron en una casa mientras nuestra familia nos reclamaba.

En el caso de su familia, el matrimonio León estaba acostumbrado a luchar, así que cuando llegaron eso no fue novedad. Omar recuerda años muy difíciles en México, "no porque no fueran gente emprendedora, sino porque las oportunidades son limitadas", me aclara; si eres una persona de bajos recursos, no tienes muchas opciones para salir adelante. Pero sus padres sabía trabajar, y aplicaron el esfuerzo al que estaban acostumbrados en el nuevo país: se asentaron en la ciudad agrícola de Santa María, en el valle central de California, y empezaron a trabajar en el campo. La madre de Omar, además, trabajaba limpiando hoteles, y cuando salía del trabajo, cerca de la playa, se iba caminando para recoger botellas de plástico y latas de aluminio que vendía después.

–Mis papas siempre hicieron un esfuerzo extra. Son mi ejemplo de todo lo que alguien está dispuesto a hacer para sacar adelante a su familia. Poco tiempo después de llegar, vino la legalización para la gente que trabajaba en el campo, así que nuestra familia pudo arreglar su situación migratoria en 1993.

Desde que era niño, Omar tuvo una inclinación por la música; su madre se daba cuenta, pero en México era difícil comprar un instrumento musical. Cuando en Estados Unidos empezó a obtener el ingreso extra que le daba el reciclaje de botes y botellas, pudo ahorrar para comprar un primer teclado para Omar.

Ese fue el camino que un poco después lo llevó a Los Ángeles: un día vio el anuncio de que habría una audición para ser parte de un grupo, Omar se presentó y se quedó trabajando con ellos. Sin embargo, no basta con tener un instrumento y talento para entrar en el medio musical; la experiencia también cuenta. Ninguno de los integrantes del grupo la tenía, así que todos firmaron un contrato que no resultó favorable para ellos: daba todos los derechos de su obra a la compañía con la que firmaron y terminaron teniendo problemas con quienes los manejaban. Omar quedó desempleado en plena angelópolis.

–Me puse a buscar chamba de lo que fuera. Anduve caminando por las calles de Los Ángeles y así me di cuenta de que en las esquinas se paraban los jornaleros, esperando a que los llamaran para tener un trabajo, platicando entre ellos. Yo también me puse a platicar y al final un día de esos, de ser amigo de los compas y de tanto verme ahí parado, me contrataron también.

A Omar le gustó lo que descubrió en el mundo de los jornaleros: hombres trabajadores, que enfrentan una gran cantidad de dificultades, que se exponen a malas experiencias y que corren el riesgo de que quienes les contratan no les paguen; pero al mismo tiempo descubrió que son *entrepreneurs*, como los describe él: manejan sus propios horarios, no tienen un patrón fijo al que le deban dar cuentas y crean redes de solidaridad. Y estas redes, descubrió, son organizaciones establecidas que buscan proteger a los trabajadores de la parte negativa del oficio.

Omar se hizo miembro del Centro de Jornaleros de Hollywood, uno de los cuatro centros coordinados por el Instituto de Educación Popular del Sur de California (IDEPSCA), ubicado a unas cuadras de un Home Depot, la cadena especializada en venta de materiales de construcción y reparación para casas y oficinas. Estos sitios son uno de los lugares clave en donde los jornaleros se reúnen para ser contratados por quienes requieren sus servicios, desde pintar una pared o instalar un piso, hasta montar una cimbra, hacer un trabajo de plomería o una instalación eléctrica.

El entonces veinteañero Omar en realidad no dominaba ningún oficio, pero le caía bien a sus compañeros y hablaba inglés; se lo llevaban de *chalán* y así es como comenzó a conseguir *jale*. Cuando empezó a asistir al centro de jornaleros, encontró un liderazgo empático, café por las mañanas, clases de inglés y en general un sistema de trabajo más organizado que el trabajo en las esquinas: las personas que quieren trabajar cada día llegan ahí, y quienes buscan sus servicios los contratan a través de la coordinación del centro.

–Me gustó el sistema; en las esquinas hay un poco más de riesgo porque hay gente que no aprueba que uno se pare en la calle aunque tengas derecho a pararte en la banqueta. Hay gente que pasa acosando a los jornaleros, jóvenes güeros que te avientan basura, así que siempre hay que estar alerta. A un compañero en una ocasión le aventaron un vaso de café de McDonald's caliente; a veces se paran, te acercas pensando que te van a dar trabajo y te escupen.[2] En el centro todo es más organizado: entra el patrón, el escoge al *staff* que ocupa y se hace la selección.

Cuando empezó a trabajar en el centro en 2002, Omar se involucró también como voluntario en las actividades de organización de los compañeros. Se levantaba en las mañanas con ganas de ir; no siempre encontraba trabajo, pero apreciaba la convivencia con otros como él, a quienes empezó a sentir como su familia. Al mismo tiempo, empezó a descubrir lo que ocurría en el ámbito político y laboral a nivel local, estatal y nacional. Se quedó trabajando ahí por algunos años, se involucró en el trabajo organizativo del movimiento jornalero y terminó siendo coordinador del programa de jornaleros de IDEPSCA, organización con la que trabajó por ocho años.

–Fue una gran experiencia de vida para mí, algo bonito, porque un jornalero llegó a ser *manager* del proyecto de jornaleros del país, coordinando varios centros. Pudimos implementar cosas a nivel organizativo. Y fue ahí donde conocí a Pablo Alvarado.

Pablo Alvarado nació en un hogar de campesinos en El Salvador y trabajó en la cosecha durante su infancia para ayudar a su manutención hasta los 12 años de edad, cuando en plena guerra civil se convirtió en profesor asistente de literatura. Con el paso de los años, obtuvo sus credenciales de maestro, pero la necesidad de migrar a Estados Unidos sin documentos lo obligó a empezar de cero. En este país trabajó como jardinero, chofer, pintor y ensamblador, y como Omar, con los años se sumó a la actividad política y a la organización de otros trabajadores. Actualmente es el director ejecutivo de NDLON.

Cuando Pablo y Omar se encontraron, lo hicieron a través del trabajo de cada uno con la red de jornaleros, pero lo que los mantuvo juntos fue la música. Aunque siempre fue su pasión, después de su mala experiencia con su grupo musical en Los Ángeles, Omar decidió no saber más de eso y enfocarse en su trabajo de organización. Pero un día que se quedó en las instalaciones de IDEPSCA hasta muy tarde, empezó a escuchar una melodía que llegaba desde el sótano del edificio. Era un grupo ensayando. Al oír la notas de los teclados, de los tambores, no pudo resistir la tentación y bajó de su oficina al sitio donde habían instalado un pequeño estudio. Descubrió una banda llamada Los Jornaleros del Norte.

–Me asomé. Ellos no me conocían como músico, sino como coordinador de los centros de jornaleros, pero me invitaron a pasar. Y ya estando un músico frente a un instrumento, es difícil que no le metas mano, ¿no? –dice riendo–. Me acerqué al piano y empecé a tocar.

Curiosamente ese día Pablo no había acudido al ensayo, pero sus compañeros le contaron que Omar tenía talento, y, aunque el joven decía que no quería volver a saber nada de la industria de la música, Pablo lo convenció: el trabajo de Los Jornaleros del Norte no era para hacer negocio, sino para alegrar a la gente que participaba en el movimiento proinmigrante y de defensa de los derechos laborales. Omar aceptó ir a un ensayo.

–Bendito ese día en que fui –me dice con emoción–. Todos teníamos nuestro trabajo y nuestros compromisos, pero Los Jornaleros del Norte me reconectaron con mi verdadera pasión, que es la música, de una manera muy concreta y sana, alejados de la popularidad o de la búsqueda del dinero, para alegrar con letras muy sencillas el movimiento: una marcha, una protesta ante un patrón porque no le pagó a un trabajador. La gente aprecia mucho cuando uno lo hace, se emociona y se motiva.

La inclusión de Omar en la banda ha sido uno de los mayores aciertos de Los Jornaleros: además de cantar, tocar el piano y el acordeón, y de su presencia agradable –pelo obscuro peinado para atrás, ojos cálidos, sonrisa enorme–, el joven ha escrito la mayoría de las letras de las canciones incluidas en tres de sus cuatro discos.

Yo solo quiero probar un pedacito de justicia
Yo solo quiero tomar solo un traguito de dignidad
Ya conocí la tristeza, el llanto, el odio, el racismo, pobreza, separo
Amargura, desprecio maltrato, mas nunca, mas nunca la libertad.

–Yo me considero músico, pero no soy una persona superdotada –dice Omar con auténtica humildad–. Creo que soy creativo; las cosas que he escrito para el movimiento son cosas que se escuchan en las marchas, consignas, historias que vemos o escuchamos y que he pedido para convertirlas en canciones usando tonadas sencillas.

Ya me he tragado la explotación
Pues me ha robado mucho el patrón
Me he emborrachado de soledad
Con mi familia quisiera estar.

La primera vez que escuché a Los Jornaleros del Norte fue a finales de mayo de 2010, en la ciudad de Phoenix, Arizona. Era sábado, empezaba a sentirse el calorcito que anuncia el verano desértico, y por las calles de la capital del estado marchaban cientos de miles de personas provenientes de distintos puntos del país para protestar contra la ley antiinmigrante SB1070, que entraría en vigor a finales de julio y que obligaría a las autoridades policíacas a detener e investigar a cualquier persona que "pareciera" indocumentada.

Entre las muchas manifestaciones en contra de esta ley, destacaba la campaña "Alto Arizona", lanzada por NDLON y la organización activista Puente, que en todos sus eventos estuvo acompañada por la música de Los Jornaleros del Norte. A bordo de un camión de redilas que llevaba encima su equipo de sonido y a ellos mismos, los trabajadores iban tocando y cantando, mezclando ritmos sabrosones y cumbancheros con sus letras que hablan sobre redadas y deportación, pero también sobre esperanza.

Ese día, Omar estrenaba una de sus canciones: "Racismo en Arizona", que en los siguientes meses se convertiría en el himno del movimiento en contra de la ley.

Pero la raza es fregona
se las sabe toditit as,
si nos sacan por la tarde,
regresamos de mañanita.

***

El sitio de acceso es imperceptible. Al transitar en auto por la carretera, es casi imposible verlo, pero ahí está: un hueco entre la maleza que se convierte en un túnel que desciende hasta quedar en medio de un barranco. Quince minutos más tarde, después de pasar por zanjas y recovecos, aparece ante la vista un grupo de casitas hechas con palos, hule, cartón, con lo que se pueda, en medio de los árboles, solo para pasar la noche.

Decenas, tal vez cientos de jornaleros, viven de este modo en la ciudad de Vista, en el norte del condado de San Diego. Vinieron persiguiendo un sueño y trabajan, si es que los contratan, construyendo casas de lujo. Al finalizar su jornada, regresan a vivir en el bosque, escondidos de las autoridades de inmigración.

En la misma zona donde se ubica Vista, se encuentra también la ciudad de La Jolla, una de las comunidades de mayor ingreso per cápita de la región, cuya zona residencial se ubica en una montaña con espectaculares vistas al Océano Pacífico. Esta característica hace que para quienes buscan *jale* haya constantemente una oportunidad, sobre todo para aquellos que ofrecen sus servicios en el ramo de la construcción. Albañiles, carpinteros y ayudantes son requeridos para sostener el desarrollo inmobiliario del área y, gracias a ello, pueden enviar cada quincena algunos cientos de dólares a sus lugares de origen. Sin embargo, el carácter residencial de lujo de la zona resulta un arma de doble filo para los trabajadores: el pago de una renta en las inmediaciones de estas ciudades es un sueño imposible de alcanzar.

Los más afortunados comparten pequeños apartamentos: seis, ocho personas en uno solo, pagando cerca de 200 dólares mensuales cada uno. Los otros, los que no pueden pagar eso, se van a vivir a la barranca, bajo los árboles, escondidos de la *migra*.

–Pero en cualquier ratito salimos de aquí y nos vamos a rentar un cuartito por ahí –me dijo en una ocasión, esperanzado, un hombre llamado Jacinto, originario del estado de Guerrero, que no pasaba de los 35 años. Jacinto vivía con dos de sus compañeros en una de esas casitas hechas con palos y trozos de hule que hacen de paredes y de techo. Sobre el endeble cuartito, ponían montones de ramas de árbol para camuflar la vivienda.

Adentro se acomodaban los tres en dos colchones que les regalaron, colocados sobre tablas. Afuera, entre los árboles, tenían tendederos donde ponían a secar la ropa después de lavarla en un pocito de agua que no lucía muy limpia, pero que era todo lo que tenían cerca. Pasta de dientes, peine, unas tijeras y una brochita evidenciaban el uso de ese sito como espacio de aseo personal. En algún lugar consiguieron una mesa y unas sillas de plástico. Ahí ponían la comida que compraban en la tarde, cuando llegaban del *jale* y ya bien ocultos se podían relajar, tomar unas cervezas, platicar, recordar…

–Yo trabajaba de albañil allá en México, ganaba mil 200 pesos a la semana –me dijo Jacinto, quien también me contó que llevaba ocho meses viviendo en la barranca–. Aquí a veces gano 80 dólares al día, a veces 60. No hay *jale* diario, unos cuatro días a la semana, más o menos.

Con todo y eso, Jacinto obtenía hasta cuatro veces más de lo que ganaba en México, "a veces un poquito más". Todo, salvo lo indispensable para sus gastos personales, lo enviaba para el sustento de su esposa y de sus cuatro hijos.

–Sí quisiera ir a ver a los chamacos, cómo no… –me dijo con la mirada perdida en el horizonte, donde las casas lujosas que él ayuda a construir bordean la carretera. Después, silencio–.

Gregorio, compañero de Jacinto, dormía también bajo los árboles esperando juntar aunque fuera unos 500 dólares al final de la quincena para enviarle a su esposa y a sus dos hijos.

–Aquí nos pagan bien, vamos saliendo –me dijo el hombre de ojos canela, pestañas largas, y esa piel ajada, tostada por el sol, que es el común denominador de muchos de estos trabajadores–. Te ocupan para todos los trabajos, para la madera, para hacerle de chalán de albañil. Sí, hay veces en las que nos dicen que nos van a echar a la *migra* o a la policía, pero nosotros nos quedamos aquí abajo cuando no hay *jale*. Un rato nada más, un añito, luego ya estamos de salida, para regresar a México.

Los grupos de migrantes viviendo en las barrancas en el norte del condado de San Diego no son algo nuevo. Desde las décadas de los años setenta y ochenta, grupos de migrantes indígenas que llegaban a la región para trabajar en el campo se alojaban en los cañones, en casas construidas por ellos mismos. En aquel entonces, la migración más fuerte hacia este sitio provenía de Oaxaca. Un poco después empezaron a llegar trabajadores originarios de Guerrero y, tras el levantamiento del Ejército Zapatista de Liberación Nacional (EZLN) en 1994, llegaron los de Chiapas. La mayoría de ellos han trabajado durante años en los cultivos, y es en los momentos de bonanza económica que muchos han tenido oportunidad de migrar hacia la industria de la construcción.[3] Muchos de estos jornaleros, durante la crisis económica de 2009, tuvieron que regresar a trabajar en el campo; muchos otros de plano se vieron obligados a volver a México no necesariamente en las condiciones que hubieran querido.

Afuera de una licorería en la ciudad de Vista, decenas de jornaleros se reúnen cada mañana en busca del *jale*, del patrón que llegue a contratarlos para hacer un trabajo de carpintería, de albañil o para arreglar un jardín. Sin embargo, la situación migratoria de estos trabajadores, la mayoría de ellos indocumentados y muchos provenientes de comunidades indígenas de México o de Centroamérica, hace que sean presa fácil del abuso. A casi todos les ha pasado alguna vez: los llevan a hacer un trabajo y no les pagan. A unos les ocurre un día, a otros los contratan durante semanas, y al final el patrón se hace "ojo de hormiga".

Así le pasó a Felipe Cruz, originario de Querétaro. Felipe trabajó partiendo y repartiendo leña para las chimeneas con un hombre que lo contrató para ese fin en varias ocasiones. Le pagó una parte del salario acordado y le prometió que en unos días le daría lo demás. Cuando hablé con él, ya habían pasado dos meses y su expatrón seguía debiéndole 650 dólares.

–Él nomás dice que me va a pagar tal día, o que lo espere otros dos días más –me platicó Felipe afuera de la licorería, el sitio de reunión, bebiendo una botella de agua–. Yo soy pobre, pero, si me va a traer así, que los agarre él. Si el dinero le hace falta, pues que se lo quede –afirmaba con rabia, apretando los labios y tratando de disimular la sensación de tener un nudo en la garganta.

Ese día Juan Sajche, un promotor de derechos humanos que por años ha identificado y asesorado a trabajadores que han sido burlados por los patrones, visitó el sitio donde se reúnen los jornaleros. Ahí empezó a explicarles que, sin importar su situación migratoria, ellos tienen derecho a presentar su caso contra el patrón y a exigir su pago: ahí mismo les contó que en ese momento asesoraba a otro trabajador a quien el patrón le adeudaba más de mil 200 dólares. Mientras Juan pedía sus datos a Felipe, a este se le iluminaba un poco el rostro ante la perspectiva de poder, de alguna manera, obtener justicia.

***

A principios de 2014 Pablo Alvarado viajaba de Los Ángeles a Nueva York, cuando en el avión proyectaron para los pasajeros *A Better Life*, la película en la que Demián Bichir interpreta a un jornalero. Pablo vio la película y le gustó: consideró que, en efecto, lograba un reflejo fiel de las cosas que tiene que vivir un trabajador indocumentado.

–Históricamente, el jornalero ha sido catalogado como sucio, alguien que orina en la calle o tira basura –me dijo unos días después, cuando coincidimos en una presentación de la película en Panorama City, en la zona norte de Los Ángeles. Alto, fornido, de piel morena y sonrisa agradable, la presencia física de Pablo contrasta con su actitud serena, observadora–. Para nuestros adversarios es bien fácil usar esa imagen como un símbolo, pero esta película ayuda a eliminar esa simbología dañina y a presentar una imagen humana de nosotros.

Pablo asegura que una historia como esta pone un rostro a las decenas de miles de trabajadores que viven en el anonimato; que, de alguna manera, llevar su historia a la pantalla grande los dignifica.

El asunto es que, para cambiar la situación de los jornaleros indocumentados, una película no es suficiente. Datos de la Encuesta Nacional de Jornaleros publicados por la

Universidad de California Los Ángeles, la UCLA,[4] confirman lo que ya se sabe pero a veces es cómodo ignorar: a los jornaleros indocumentados se les contrata para realizar actividades peligrosas sin las medidas de protección adecuadas –a quien ha visto la película le resulta inevitable recordar al personaje de Bichir trepando a una palmera–. Se les niega el pago, suelen ser insultados, transeúntes les gritan consignas antiinmigrantes, les arrojan objetos desde vehículos en movimiento. Para más del ochenta por ciento de estos trabajadores, que en su gran mayoría son hombres, el ingreso que obtienen por este trabajo informal es el único que perciben. Durante un mes "bueno", pueden llegar a ganar mil 200 dólares, pero en los malos perciben 500 o menos; el promedio de ingreso anual para un jornalero es de 15 mil dólares, lo que los coloca en, o por debajo, de la línea de pobreza en Estados Unidos.

–En términos concretos esta película no va a lograr que la vida de los jornaleros que piden un trabajo en la calle sea mejor– me dijo Pablo, quien a través de la red de NDLON organizó cerca de 100 presentaciones de la película a lo largo del país en las semanas posteriores a su lanzamiento–, pero logra presentar un lado diferente de la historia y es un inicio, porque, frente el lenguaje de odio contra los inmigrantes que estamos viendo en Alabama o en Arizona, la película presenta un lado humano ante el horror, como lo hizo el movimiento de derechos civiles de los afroamericanos; la gente se vio reflejada en él, pero eso tomó muchos años de lucha y sufrimiento. Realmente nosotros estamos en pañales, y el movimiento para reformar las leyes de inmigración va a estar más duro. Hollywood sí está entendiendo a los trabajadores, pero Washington D.C. no.

El día de la presentación, la comunidad de la preparatoria Panorama, el lugar de la cita, estaba de fiesta. Maestros, estudiantes y padres de familia se encontraban listos para "ir al cine" en el auditorio escolar; dada la poca difusión que tuvo *A*

Better Life durante su estreno comercial, decenas de personas llegaron con un gran interés en verla. La historia conmovió genuinamente a la audiencia de este vecindario que cuenta con casi setenta por ciento de población latina. Al terminar la proyección todos aplaudían, algunos tenían lágrimas en los ojos y la expectación crecía: Chris Weitz, el director de la película, entraba al auditorio para participar en un foro junto con algunos de los actores, una estudiante indocumentada y un par de políticos en campaña.

Weitz iba llegando de Washington D.C., en donde hizo una presentación del filme ante las autoridades del Departamento del Trabajo estadounidense. Para el director, esa era su manera de contrarrestar los estereotipos promovidos por los republicanos. "Esta es una ventana para que algunas personas vean un tipo de vida del que no sabían nada", explicó.

Este, desde luego, no era el caso de quienes están ahí. José Julián, el joven actor que da vida a Luis Galindo, hijo del personaje que encarna Bichir; Myasha Arellano, la estudiante de Panorama que abiertamente reconoció no contar con documentos; el entonces concejal de Los Ángeles, Tony Cárdenas, en cuyo distrito se encuentra este barrio; todos han vivido directamente, en su propia familia, la realidad indocumentada. Para quienes estaban en sala, *A Better Life* no era una obra de ficción.

–Yo crecí en la misma área donde se filmó la película, así que para mí esto es normal– explicó José Julián. Su madre llegó indocumentada a Estados Unidos procedente de México, y él creció viviendo la realidad de su personaje: el hijo de inmigrantes trabajadores que vive entre el reto que representa la nueva cultura y el arraigo a los valores de su núcleo familiar. Por eso para el joven actor, la mayor sorpresa tras el rodaje ha sido descubrir cuánta gente en Los Ángeles no está familiarizada con la realidad de un jornalero inmigrante.

Cuando los panelistas invitaron al público a participar, de en medio de la sala se oyó una voz que hizo que voltearan las miradas. Era un hombre maduro, vestido con ropa de trabajo, acompañado por dos niñas sonrientes.

–Yo en esta película me sentí identificado cuando el señor iba manejando y llegó la policía y él estaba lleno de miedo –dijo el hombre. Se llamaba Guillermo y era originario de México, padre de cinco hijos y trabajador en la construcción. Parte de su trabajo consistía en manejar un camión, pero él, como el personaje Carlos Galindo, no tenía papeles. En dos ocasiones lo había detenido la policía y, al no contar con una licencia para conducir, le retuvieron el camión, que más tarde tuvo que recuperar la empresa para la que trabaja, y lo citaron en una corte para fijarle una multa. En la primera ocasión esta fue de 500 dólares; en la segunda, más de mil–. Estoy seguro de que la primera vez no me pararon por una infracción, sino porque me vieron mexicano –afirmó rotundo.

Padres e hijos fueron compartiendo testimonios con los sentimientos removidos por la película del inmigrante de Bichir. El concejal Cárdenas habló de lo mucho que ha significado para él porque su papá, inmigrante, también fue jardinero.

–Es parte de las personas que han trabajado fuerte para que la siguiente generación, gente como ustedes, pueda tener una vida mejor sin perder sus valores en el camino –dijo a los jóvenes–. Es más: de quienes estamos aquí, pónganse de pie aquellos cuyos padres vinieron a Estados Unidos buscando para sus hijos una vida mejor.

La mitad de los presentes, incluido él, se levantaron de sus asientos.

***

Cuando habla de su trabajo en NDLON, Omar no puede ocultar el orgullo que siente. Lleva nueve años trabajando con esta red, que junto con sus ocho años con IDEPSCA suman más de tres lustros de trabajo entre jornaleros. A IDEPSCA le debe, dice, su formación como organizador, grandes amigos, su amor al trabajo y la satisfacción de haber promovido la participación de mujeres en los centros de jornaleros; pero después de coordinar el programa por un tiempo, supo que tenía que buscar otro espacio para seguir creciendo.

Como ya había construido una amistad con Pablo debido a que IDEPSCA es parte de la red de NDLON, no pasó mucho tiempo para que el veterano organizador invitara a Omar a sumarse a la organización. Y desde ahí combinan su trabajo activista con la música pegajosa de Los Jornaleros del Norte.

Si Los Jornaleros han sido populares casi desde su inicio por su capacidad de reflejar los sentimientos de la gente en los momentos de coyuntura política, la campaña de Donald Trump por la candidatura del Partido Republicano a la presidencia de Estados Unidos se convirtió en el gran escenario para interpretar las canciones más encendidas, las que reflejan los sentimientos de toda una comunidad. Tan pronto se confirmaron las aspiraciones de Trump a la presidencia, acompañadas por la tristemente célebre declaración en la que acusó a los mexicanos de ser violadores y narcotraficantes, Omar se puso a escribir y los Jornaleros a cantar.

Ay Donald Trump, ay Donald Trump,
Arréglate el peluquín y deja de andar de hocicón
Dices, ahora resulta, que somos criminales
Narcos, violadores y no sé qué tanto más
Que es nuestra culpa que la pinche economía ande tan mal
Dices que si tú ganas nos vas a deportar
Aparte de copetudo, muy pendejo estás
Pues si nos sacan, se mueren de hambre tú y muchos más.

Lo que ni Omar ni el resto de Los Jornaleros esperaban –y honestamente, una gran parte de la élite política y activista del país tampoco– es que al final Trump no solo ganaría la candidatura, sino también la presidencia.

–Me equivoqué –dice Omar haciendo un *mea culpa*–. La canción le tira de manera brutal por lo que dijo de los mexicanos; buscaba contestarle, mentarle la mamá, pero al principio era como una broma, la verdad es que no creíamos que la gente de este país estuviera tan mal informada, que fuera tan ignorante para votar por una persona así. Cuando ganó nos cayó un sentimiento muy feo; se destaparon muchas cosas. Para la gente de nuestra área de trabajo hubo un impacto grande porque empezó a cambiar la actitud de la gente; personas que piensan como ese señor empezaron a salir del clóset donde estaban escondidos. En las esquinas, en los sitios de trabajo, se empezaron a registrar más ataques antiinmigrantes, como si hubieran salido muchos Trump de debajo de las piedras. Ha sido una lucha de muchos años para avanzar en el reconocimiento de los derechos de la comunidad inmigrante, y de un día para otro tuvimos que redoblar el esfuerzo.

El esfuerzo ha funcionado. A partir del día en que se anunció la victoria electoral del magnate, el 8 de noviembre de 2016, NDLON inició una serie de movilizaciones que no han parado. Convocó a asambleas populares con una numerosa participación de organizaciones y de individuos que plantearon dudas, temores y propuestas para construir un plan de defensa de la comunidad inmigrante. La red de jornaleros creo una campaña, "Alto Trump"[5] –una réplica de su campaña "Alto Arizona" de 2010–, para invitar a los miembros de las propias comunidades a participar en el proceso de defensa de derechos civiles en los meses por venir.

Los activistas lanzaron una serie de entrenamientos con la consigna "conoce tus derechos" para orientar a los participantes sobre qué hacer en casos de ataques por parte de grupos de odio; qué hacer si la policía detiene a una persona y le pregunta sobre su estatus migratorio; cómo proceder en caso de una redada en casa o en el lugar de trabajo; cómo formar comités de base y de defensa del barrio. Y al mismo tiempo, iniciaron una de las campañas más emotivas de NDLON: llevar la música de Los Jornaleros del Norte a los centros de detención, para dar "serenata" a los inmigrantes que se encuentran detenidos ahí por no contar con documentos. Algunos de esos eventos han tenido lugar frente al edificio de detención federal en el centro de Los Ángeles: el grupo cierra una pequeña calle lateral y, mientras Los Jornaleros cantan bajo los enormes ventanales del edificio, que dan hacia la autopista 101, la gente que los acompaña dibuja en el suelo, con tiza y con letras enormes, mensajes de ánimo y esperanza para quienes logran asomarse. El mismo procedimiento han seguido también en las cortes de inmigración de San Diego para acompañar a quienes tienen una cita frente a un juez.

–Hemos sido claros en nuestra postura: mientras los políticos hacen su juego y se ponen de acuerdo, algo que podría ser muy fácil para ellos, que está en su poder, sería detener las deportaciones de gente que no representa una amenaza para este país. En eso hemos estado firmes no solo con la administración Trump, sino desde el gobierno de Obama. Nosotros hemos sido criticados por criticar a Obama, quien fue el *deporter in chief*, deportando a papás, a mamás, a jóvenes. Siempre hemos pedido que haya un alivio migratorio mientras ellos se ponen de acuerdo: que no haya deportaciones, que no haya colaboración de la policía con la migra, que no haya redadas en hogares y sitos de trabajo. Es algo que podrían hacer si no tuvieran como prioridad el beneficio político para sus partidos.

Con respecto a Trump en particular, Omar considera que su principal característica es la ignorancia. Lo pinta como un hombre básico, sin capacidad de análisis y sin comprensión del impacto que tienen sus palabras para el país, en la vida diaria de las comunidades.

–Creo que estamos viviendo uno de los momentos más tristes como país –me dice verdaderamente consternado–. Por eso no paramos. Nuestro disco más reciente se llama *Tirando Muros* (*Chanting down the walls*), y hemos tenido muchas invitaciones a universidades, a conciertos de protesta programados con otros artistas, y seguimos llevando la serenata los indocumentados. Vamos a seguir apoyando a los trabajadores en las protestas; vamos a seguir acompañando a las familias para que no las separen. Vamos a seguir tirando muros con nuestro canto.

Asómate a la ventana, te traje una serenata
Aunque estés encarcelado, mira, te canta quien te ama
Por ti me juego la vida, por liberarte me muero en la raya
¡Ay, qué leyes tan injustas! ¿Qué buscan en separarnos?
Nos juzgan de criminales por ser indocumentados
No saben que nuestras manos a ellos los tienen tragando.

4. La vida no es Disneylandia

Yunuen Bonaparte, 27 años

Uruapan, Michoacán/Azusa, California

El 5 de agosto de 2016 marcó un hito en la relación entre Hillary Clinton y los miembros de la prensa. Tras haber pasado más de 200 días sin aceptar preguntas de periodistas a pesar de estar en plena contienda presidencial, ese día la candidata demócrata a la presidencia de Estados Unidos rompió el silencio y respondió cuestionamientos de periodistas latinos, incluido el tema de su cuenta de correo electrónico investigada por el FBI, el tabú de su campaña.

–Creo que en este momento los periodistas tienen una responsabilidad especial con nuestra democracia, –dijo una Hillary de impecable peinado rubio, traje azul turquesa y aretes del mismo color, ante más de mil 500 miembros de la Asociación Nacional de Periodistas Hispanos (NAHJ) y la Asociación Nacional de Periodistas Afroamericanos (NABJ) en Washing-ton, D.C.[1]

Ese día, mientras la candidata respondía preguntas, Yunuen Bonaparte, una joven becaria del programa de estudiantes de NAHJ recién egresada de la carrera de Comunicación, se acercó al estrado, apuntó la lente de su cámara y tomó para la organización la fotografía de una de las mujeres más poderosas del mundo.

***

Yunuen tiene 27 años, es originaria de Uruapan, Michoacán, y ha vivido más de la mitad de su vida en Azusa, California. Pertenece a la generación conocida como *dreamers*: jóvenes que llegaron a Estados Unidos sin documentos siendo menores de edad, traídos por sus padres, y que han crecido como estadounidenses, con su vida y su esperanza de futuro en ese país, a pesar de que hasta el momento no cuentan con una manera de regularizar su estatus migratorio.

Existen en Estados Unidos alrededor de dos millones de jóvenes en esta situación. El nombre genérico para referirse a ellos, *dreamers*, se debe a una iniciativa de ley presentada en el Congreso de Estados Unidos en el año 2001, conocida como DREAM Act por sus siglas en inglés.[2] La propuesta establece que los jóvenes menores de 30 años que se encuentren en el país de manera irregular, que hayan llegado siendo menores de 16 años y hayan vivido en él por lo menos durante cinco años, pueden obtener una residencia temporal, con una posibilidad de obtener más tarde la ciudadanía estadounidense. En los últimos 16 años la propuesta ha sido presentada y rechazada en el pleno del Congreso en cinco ocasiones, por lo que hasta ahora no se ha convertido en ley. Chicos como Yunuen han entrado en la vida adulta sintiéndose parte de un país que legalmente no los reconoce como suyos.

Los recuerdos que Yunuen tiene de su niñez en México no son los mejores: un barrio pobre y una familia que nunca tuvo un hogar propio, viviendo en una casita construida con materiales endebles. Recuerda que su padre tuvo todo tipo de empleos: en una papelería, llevando la contabilidad de una empresa, vendiendo cortinas: "*a multiuse kind of person*", dice Yunuen en inglés, el idioma con el que se siente más cómoda. Ni así salían las cuentas en la casa de la familia Bonaparte. Hubo un momento, recuerda, en el que no había dinero para comer; tenían que cruzar la calle para ir a la casa de sus abuelos y comer algo.

Cuando el abuelo de Yunuen murió en 2001, desapareció la figura central de la familia. Así, su padre decidió irse a Estados Unidos y la madre se quedó a cargo de Yunuen, entonces de 11 años de edad; su hermano, de nueve, y el hermano más pequeño, de un año. Mientras la madre trabajaba, Yunuen, quien cursaba primero de secundaria, cuidaba del pequeño. Las buenas notas que, a pesar de la apretada situación familiar, siempre había obtenido en la escuela empezaron a bajar. En sus recuerdos de esa época está su primer cinco en matemáticas.

–Recuerdo que fue cuando mi papa decidió que lo alcanzáramos. Lo primero que pensé es que estaba bien porque así no se darían cuenta de que estaba reprobando matemáticas –dice, sin una pizca de humor–. En ese tiempo teníamos un lote; mi casa era literalmente de cartón, vivíamos en una gran caja: un cuarto, literas para mí y mi hermano, la cocina junto al baño. No teníamos ducha, teníamos que calentar agua para bañarnos. Mis papás vendieron el lote y con eso le pagamos a un *coyote* para venir aquí.

Yunuen da un trago a su taza de té. Es pequeña, pero robusta, con un rostro poderoso: ojos obscuros ligeramente rasgados, de mirada penetrante; una sonrisa que, cuando aparece, le ilumina el rostro y la hace ver más joven de lo que es –y que le frunce un poco la parte superior de la nariz, dándole un aire pícaro–; lleva el pelo obscuro a la altura del mentón. Estamos sentadas en una cafetería tradicional de Sunset Boulevard, en el área de Echo Park, en la ciudad Los Ángeles, una zona con pronunciadas marcas de población latina que en los años recientes ha sucumbido a la ola de gentrificación que ha caído sobre algunos barrios del sur de California. Yunuen y yo nos conocimos a través de NAHJ, la organización a la que ambas pertenecemos. Azusa, la ciudad conurbada dentro del condado de Los Ángeles en la que ella vive, queda a 40 minutos de distancia del *downtown* angelino.

–En este punto, el tiempo me parece confuso, no recuerdo bien el orden de las cosas –continúa–. Recuerdo que nos fuimos a Tijuana. Era mi primera vez viajando en un avión, era muy extraño. Llegamos, mis tíos nos recogieron y nos llevaron a un hotel. No recuerdo cuánto tiempo estuvimos ahí, pueden haber sido días o una semana, no sé.

Los días o semanas que la familia estuvo ahí –su madre, sus hermanos y ella– se debieron a que quienes los iban a transportar "al otro lado" estaban esperando a que se reuniera más gente. Cuando hubo un número suficiente, unas 50 personas, llegó el *coyote* y les indicó a qué hora deberían tener sus cosas listas para partir. De Tijuana, el grupo fue transportado a la ciudad de Algodones, en la esquina noreste de Baja California, que colinda con California y Arizona. Ahí los instalaron en otro hotel en peor estado que el anterior. En la memoria de Yunuen está el olor a orines, gente por todos lados. Se recuerda a sí misma sentada en un rincón, tratando de que nadie la viera.

El siguiente paso del trayecto consistió en que todos se subieran a una camioneta de cabina larga, "literalmente como sardinas", dice Yunuen. Acostados unos sobre otros, el grupo se acomodó en cinco capas de gente. A los tres niños Bonaparte los pusieron encima de todos y la camioneta empezó a andar. Yunuen veía el polvo del camino volando mientras la camioneta daba tumbos; quienes los llevaban les gritaban que no levantaran la cabeza. Cuando se detuvieron, los introdujeron en un nuevo hotel, esta vez ya en Estados Unidos.

En esta habitación, Yunuen recuerda haber dormido con otras 20 personas por una o dos noches. Lo que siguió fue que, de madrugada, el grupo subió a un tercer vehículo, un camión-refrigerador que transportaba lechugas. Tiritando, sintieron cómo el camión empezaba a avanzar. El hermano pequeño, sostenido por la madre de Yunuen, empezó a llorar; en algún momento Yunuen intentó callarlo. En un punto el camión se detuvo, se oyeron voces afuera y las puertas se abrieron. Eran los agentes de inmigración, *la migra*. Tanto para nada.

Después de pasar la noche en una celda con otras 50 personas, cubriéndose del frío solo con mantas de aluminio y con una sopa en el estómago, al día siguiente los hicieron caminar por un corredor y cruzar hacia otro lado. La madre preguntó dónde estaban. Le respondieron que en Tijuana.

Cada año son detenidas y deportadas en la frontera entre México y Estados Unidos 175 mil personas, de acuerdo con las estadísticas de las autoridades de inmigración de Estados Unidos.[3] Aunque hay 15 puntos de retorno en los tres mil kilómetros de la frontera entre los dos países, la cuarta parte de todas las deportaciones se realiza hacia la ciudad de Tijuana. Más de la mitad de quienes son detenidos han cruzado previamente la frontera en una o más ocasiones.

Cuando la madre de Yunuen se vio nuevamente en el punto de partida, llamó al tío que los había recogido y empezaron a buscar otro *coyote*, que en este caso fue una mujer. La familia fue llevada a un apartamento donde había otras familias, niños. Todo parecía más seguro, pero también era más caro: el *coyote* anterior cobraba mil 500 dólares por persona; esta persona cobraría tres mil. Yunuen no sabe cómo obtuvo su familia el dinero, pero tras estar ahí unas horas inició el cruce, que esta vez fue distinto: uno por uno, los miembros de la familia fueron introducidos por la frontera en un auto. A Yunuen le tocó viajar en una minivan con un espacio entre el asiento del conductor y el del pasajero; una mujer conducía y la otra iba en el asiento del copiloto. La acostaron ahí, y conforme se acercaban a la garita, pasó una persona vendiendo colchas. Las mujeres compraron una colcha y la pusieron sobre Yunuen. En un momento le pidieron que no se moviera, que no hiciera ruido, que tratara de no respirar fuerte. El auto avanzó hacia la caseta del agente de inmigración, intercambiaron unas palabras y cruzaron al otro lado. Así nada más.

Yunuen fue la primera de su familia en cruzar. La llevaron a una casa en San Ysidro, junto a la frontera, donde esperaban también otras familias. Cuando su madre y sus hermanos llegaron, los llevaron a todos a Santa Ana, en el condado de Orange, que se ubica a 100 millas al norte de la frontera entre las ciudades de San Diego y Los Ángeles. Cuando Yunuen salió de ahí, descubrió que del otro lado de la calle estaba el parque de diversiones Disneylandia.

–Desde entonces no puedo estar cerca de Disneylandia –me dice sin sonreír–. Nunca he ido, porque quedé traumatizada con eso. La gente se frustra cuando les digo que no puedo ni siquiera pasar por ahí.

Ahí llegó su tío, y finalmente la familia se reencontró con su papá.

–Y vivimos por siempre felices –dice Yunuen, repitiendo la línea final de los cuentos de hadas, con una sonrisa bonita y una mirada de sarcasmo.

***

Empezar una vida en Estados Unidos es difícil. Migrar es tal vez la decisión más dura que debe tomar un ser humano: dejar atrás todo lo que conoce, su familia, sus amigos, sus referencias, su red. Empezar de cero en un sitio nuevo, en donde posiblemente no se conoce a nadie, en donde tal vez no se domina el idioma y se ignora el sistema. Si, además, la migración es sin documentos, la vulnerabilidad del que migra –a vivir explotación laboral, discriminación, violaciones a los derechos humanos– aumenta de manera considerable.

La familia de Yunuen eligió vivir en Azusa porque uno de sus tíos ya vivía ahí. Tenía tres hijos más o menos de la edad de los niños Bonaparte, así que eso sirvió de ayuda a los chicos recién llegados. Usualmente la parte más difícil para los niños y los jóvenes que migran suele ser la adaptación al sistema educativo: el idioma, la estructura académica y la variedad temática. Pero para Yunuen, que siempre había sido una buena estudiante, no fue tan complicado.

–No sabía inglés, pero en mi escuela había otras personas que tampoco sabían, así que no fue un choque cultural tan grande. Fue solo tratar de asimilarlo: estas personas hablan así, tengo que encontrar la manera de entenderlo. Me tomó dos años aprender inglés; había compañeros en mi salón que llevaban años tomando esas clases, eso me hizo sentir que estaba haciendo las cosas bien. Estaba en séptimo grado –el equivalente a primero de secundaria en México– y ellos estaban aprendiendo cosas que yo había aprendido en quinto grado, así que no me preocupaba por cosas como matemáticas o geografía, porque ya las sabía. Me sentía bien; antes iba reprobando matemáticas, ahora no tenía problema, así que me pude enfocar en aprender inglés.

Cuando Yunuen llegó a la preparatoria ya llevaba un buen nivel de este idioma, y cuando se graduó, tenía niveles altos en ciencia, matemáticas, y uno de los mejores promedios.

Sin embargo, aunque las cosas marchaban bien en el ámbito escolar, el ajuste a nivel familiar fue complicado. Para las familias que llegan a Estados Unidos con niños, la etapa de adaptación tiene que ver con la integración de sus hijos al sistema escolar, y con el reconocimiento de que ahora tienen un nuevo hogar. Para Yunuen, 15 años después el segundo asunto continúa irresuelto.

–Cuando llegué nunca sentí que extrañara mi hogar, porque nunca he sabido dónde es mi hogar. Siempre he sentido un poco de nostalgia por México, pero sé que, si vuelvo, no voy a sentir que ahí está mi hogar; el problema es que tampoco siento que sea aquí. Pero creo que en mi caso es por otras cosas.

Las cosas a las que se refiere tienen que ver con su situación familiar. Cuando Yunuen tenía 15 años, tres después de haber llegado, sus padres se separaron. La situación no fue amable: la madre tuvo una crisis nerviosa que le impidió cuidar de los tres hijos, pero al mismo tiempo puso una orden de restricción en contra del padre. Los chicos terminaron a cargo del departamento de Servicios Sociales y fueron enviados a un hogar temporal por tres meses.

–Después de eso, creo que nos cambiamos como 10 veces de casa durante un año. La corte decidió que mi hermano menor debía vivir con mi mamá; mi otro hermano, que es tres años más chico que yo, y yo fuimos a vivir con mi papá, los tres en un solo cuarto, un garaje –recuerda. Desde entonces, la relación con su madre no es buena–. Creo que por esta razón tengo esta sensación de no saber dónde es mi hogar. Tuve que tomar terapia por un tiempo, pero ahora en realidad no me molesta tanto. Vivo con mi papá y estoy bien ahí, pero ese no es mi hogar.

Cuando salió de la preparatoria, Yunuen hizo exámenes para tres universidades en el área de Los Ángeles; su consejera académica, que no entendía por qué aún siendo una persona con un buen promedio no presentaba solicitudes, le dio un cheque personal por 50 dólares para el trámite. La aceptaron en las tres, pero era difícil explicar que, aun habiendo sido aceptada, Yunuen no podría asistir por no contar con documentos y por no tener acceso a la ayuda financiera que ofrece el gobierno.

–Creo que la razón por la cual la gente no entiende es porque no tienen información: esto está pasando, por todo el país hay gente en esta situación; tiene que importarte lo que están viviendo. Es solo que a veces falta información.

En Estados Unidos la educación superior tiene un costo promedio superior a los 35 mil dólares[4] al año; quienes no cuentan con el dinero necesario para pagarla –la gran mayoría de los estudiantes– echan mano de apoyos financieros que el gobierno proporciona para poder cursar una carrera. Sin embargo, los jóvenes que son indocumentados no pueden acceder a estos apoyos aunque hayan vivido, crecido y estudiado la mayor parte de su vida en este país. Si deciden estudiar una carrera universitaria, deben pagar cuotas más elevadas porque pagan como extranjeros; la mayoría de las veces, estos montos están fuera del alcance de la familia y la educación superior deja de ser una opción. Muchos chicos terminan trabajando en algún restaurante de comida rápida o dedicándose a una actividad que no requiere de preparación profesional, e incluso los que logran graduarse encuentran dificultades para encontrar empleo por su estatus indocumentado.

Al salir de la preparatoria, Yunuen tuvo que dejar de ir a la escuela para trabajar y así reunir dinero para ir a un colegio comunitario, que cuesta mucho menos que la universidad. Esta es una opción para jóvenes que no desean o no cuentan con los recursos para estudiar cuatro años de educación superior: pueden estudiar ahí dos años y recibir un certificado de estudios de ese nivel intermedio, o pedir una transferencia a una universidad para obtener el título de cuatro años. Para quienes desean seguir estudiando pero no tienen apoyo financiero, dos años de bajo costo son un alivio antes de buscar una alternativa para terminar los cuatro años.

Yunuen empezó a trabajar en un restaurante McDonald's cuando tenía 16 años, mientras cursaba la preparatoria. Después combinó ese empleo con otro en un estudio de fotografía, al tiempo que seguía estudiando en las horas que podía y como podía ir pagando. Por dos años más, trabajó de tiempo completo en el estudio de fotografía, mientras hacía su transferencia del colegio comunitario a la universidad. Más tarde, ya en la Universidad Estatal de California Fullerton (CSUF), trabajó en una tienda de autoservicio, primero en el área de atención al cliente, después acomodando mercancía en las madrugadas para después irse a tomar clases durante el día.

La situación para Yunuen y para cientos de miles de *dreamers* cambió en 2012, cuando llegó un pequeño alivio a la pesada carga que representa trabajar y estudiar en Estados Unidos cuando no se tienen documentos. En junio de ese año, el presidente Barack Obama firmó la acción ejecutiva conocida –y antes mencionada– como DACA,[5] que, bajo requisitos muy similares a los presentados en la ley DREAM Act, protege temporalmente a los *dreamers* contra la deportación, dándoles un número de seguro social y un permiso de trabajo temporales. La protección temporal bajo este programa tendría vigencia de dos años y sería renovable –de hecho se ha renovado en 2014 y 2016–, pero, por no ser una iniciativa aprobada por el Congreso, no puede ofrecer a sus beneficiarios una residencia legal ni otorga un camino a la ciudadanía: tal como Obama lo aprobó con una firma de bolígrafo, con una firma más el siguiente presidente podría echarlo para atrás.

Aun así, durante los cinco años que DACA ha estado vigente, más de 750 mil chicos han visto un cambio en su vida y han sido capaces de explotar su potencial. Yunuen ha sido una de los más de 200 mil beneficiarios del programa en el estado de California.[6] Antes del programa, buscó empleos donde fuera, haciendo lo que fuera y no necesariamente aquello para lo que es buena; completó los dos años de colegio comunitario en seis años, pagándolo completamente de su bolsa, y en 2014 entró a la universidad en Fullerton (CSUF).

Una vez en CSUF, Yunuen pronto encontró un *Dream Center*, los centros de ayuda para jóvenes indocumentados con los cuales cuentan muchas universidades. Son sitios creados la mayoría de las veces por los propios jóvenes, apoyados por algunos maestros, que en ocasiones han sido formalizados por las universidades e incluso reciben algunos recursos. Ahí los alumnos en esta situación pueden encontrar información sobre apoyos financieros, iniciativas de ley locales que les pueden ayudar –a falta de la aprobación de un DREAM Act federal, muchos estados como California han creado sus propias iniciativas de apoyo económico–, y en años recientes también reciben apoyo para hacer sus trámites para recibir el beneficio de DACA. Y, lo más importante: encuentran una red de solidaridad.

–Entré temblando. No sabía que hacer, era muy raro para mí. Y luego estos chicos me dijeron que no me preocupara, que estaban ahí para ayudar. Les conté que estaba estudiando Comunicación y que quería trabajar para un periódico, y me dijeron que la editora del *Daily Titan*, el periódico de la universidad, estaba entrevistando a alguien en ese momento. ¡Fue tan importante para mí! ¡Iba a conocer a la editora del periódico!

Los meses siguientes trajeron mejores cosas. Yunuen conoció a otros maestros y compañeros solidarios; al cabo de un año se había convertido en presidenta del grupo de periodistas latinos de la universidad y estableció conexiones con NAHJ. Dos años después, se encontraba fotografiando a Hillary Clinton en la conferencia nacional de la organización en Washington, D.C.

–Creo que todo se facilitó cuando dije "soy una *dreamer*. Esto es lo que hago, esto es lo que soy". Nunca he temido a decirlo, pero creo que el hecho de que algunas personas supieran por lo que estoy pasando me ayudó.

En mayo de 2016, portando toga y birrete, Yunuen se graduó de la carrera de Comunicación. En su página de Facebook puso una foto de su último reporte de calificaciones, perfecto como siempre, acompañado de la frase "*That's a wrap*", que se utiliza en la industria fílmica al terminar una película. Bromeando, escribió que sus siguientes metas eran obtener un empleo, dejar de ver la serie de televisión *30 Rock* todos los días y no ser deportada.

***

—Cada día es una batalla.

Yunuen me suelta esa frase con la mirada clavada en el aire, con ese tono demasiado serio que usa a veces, que, al contrario de lo que pasa cuando sonríe, la hace verse mayor.

–He llegado a un punto en el que estoy satisfecha conmigo misma por lo que he hecho, pero en realidad ha sido difícil. Mi plan de vida era que a los 18 iba a tener un empleo y en algún momento me mudaría a mi propio espacio, pero eso no ha ocurrido porque no puedo. No puedo dejar mi casa paterna porque no puedo pagar por un espacio para mí. Afortunadamente mi papá me ha apoyado, pero siempre he tenido esa vocecita conmigo diciéndome "no puedes hacer eso". ¿Una de tus compañeras va a estudiar una maestría? Tú no puedes hacer eso. Cuando dije en mi familia que quería ser fotógrafa, fue muy difícil hablarlo con mi papá; decir "quiero tener una educación y no trabajar en una fábrica sintiéndome miserable el resto de mi vida". Hubo una época en la que mi papá me preguntaba: "¿Para qué necesitas estudiar para tomar fotos? Ve a la escuela para hacer dinero". Yo le explicaba que no quería tener una vida frustrada haciendo otra cosa, y su respuesta era: "¿Quién te dijo que tú puedes hacer lo que quieras en la vida?". Yo estaba aún estudiando, y él me pedía que ayudara con la renta; él siempre ha cuidado de nosotros, pero siempre hemos tenido problemas de dinero. Y me di cuenta: vas a la escuela y tus compañeras te dicen "mi mamá dice que yo puedo hacer lo que yo quiera en la vida". Para mí ha sido diferente siempre.

En este punto del relato Yunuen no puede detener las lágrimas que ya corren por sus mejillas como si se hubiera abierto una pequeña compuerta. Un mesero viene a retirar la taza de té y se aleja discreto. Yunuen solloza un poco, hace una pausa larga en la conversación. Me cuenta que hubo momentos en el colegio comunitario en los que tenía hambre y solo tenía un dólar en su cuenta de banco. Me dice que lo difícil de ser una persona indocumentada va más allá del hecho de no tener papeles: es la nula posibilidad de ganar dinero para hacer lo que realmente deseas hacer. Que es una realidad diaria que debes normalizar, acostumbrarte a vivir con ello. Que, si se detuviera a pensar en todas las cosas malas que le pueden pasar cada día, no podría vivir consigo misma. Me cuenta que antes, cuando no contaba con una licencia de conducir –ahora tiene una temporal gracias a DACA–, no podía ponerse a pensar en lo que pasaría si la detenían: el costo de la multa, el costo de sacar su auto del corralón –que en una ocasión ascendió a mil dólares– ...las cosas que son inevitables cuando te hace falta un papel. Me cuenta también que en una ocasión tuvo que ir a la corte para explicar ante un juez por qué estaba manejando sin licencia. El juez le preguntó por qué no tenía una, y ella respondió "porque no puedo". Él preguntó por qué. Ella respondió: "porque soy indocumentada". El juez le permitió irse.

–Lo pones en segundo plano en tu mente y sigues, pero esa es la parte más difícil. Nadie más tiene que vivir de esa manera, preocupándose por si va a ser detenido por un policía. Nadie más vive preocupado sabiendo que su hermano más chico no tendrá cómo irse a la escuela, no porque no pueda manejar, sino porque no le está permitido.

En octubre de 2016, en el contexto de las declaraciones de Donald Trump durante su campaña por la presidencia, en las cuales afirmaba que, si ganaba, una de sus primeras acciones sería echar para atrás DACA, el Center for American Progress, un *think tank* estadounidense de línea progresista, publicó un estudio haciendo una evaluación a cuatro años de haberse implementado DACA.[7] De los 750 mil jóvenes que han recibido la protección del programa –77 por ciento de ellos mexicanos[8]–, 95 por ciento actualmente se encuentra estudiando o trabajando, o ambos. En el caso de quienes trabajan, 63 por ciento dijo haberse movido a un mejor empleo; 49 por ciento cambió a un trabajo que correspondía mejor a su formación profesional, y el salario promedio que perciben se incrementó en 42 por ciento –lo cual sigifica que también se ha incrementado la cantidad de impuestos que pagan–. Del total de beneficiarios, 6 por ciento se ha convertido en pequeño empresario, lanzando iniciativas propias, en comparación con la media nacional de 3.1 por ciento. Muchos de estos *entrepreneurs* están generando trabajo, incluido uno de ellos que tiene nueve empleados. En términos generales, estos chicos, a fuerza de vencer obstáculos de manera constante, se han convertido en jóvenes exitosos, y si se quiere, hasta un poco invencibles.

Sentadas en la cafetería de Sunset Boulevard, le comparto estos datos a Yunuen y le digo que, después de conocer su historia, esa es la imagen que tengo de ella: una chica de 27 años, fotoperiodista, bilingüe, que proviene de una situación financiera difícil y que trabajó para sostenerse y para pagar su educación, primero en el colegio comunitario y después en la universidad. Se graduó, ha trabajado como voluntaria y ha publicado su trabajo en diversos medios –en diciembre de 2016, sus fotografías aparecieron en un reportaje sobre mujeres campesinas inmigrantes publicado en la portada de *El Universal*, uno de los principales diarios de México–. Yunuen, contra toda probabilidad, es exitosa.

–*It doesn't feel like that, though* –me responde en inglés, honestamente–. Creo que si no hubiera tenido que pasar por todo esto, las cosas habrían sido diferentes. No sé si estaría en donde estoy ahora, pero –empieza a llorar otra vez– creo que habría podido lograr más. Creo que hoy tendría mi propio lugar para vivir de la manera en que quiero vivir. Ahora siempre siento que nunca será suficiente; me enfoco en lograr las cosas que quiero hacer, pero siempre hay limitaciones que están ahí y no puedo hacer nada para evitarlo. Aún cuando he llegado lejos, la sensación es que todo me ha llegado por azar, y hay algo que siempre me dice que no lo merezco.

Cuando le pregunto a qué cree que se deba eso, me cuenta una anécdota: hace unos meses, a través de las redes sociales, reencontró a Anita, una antigua amiga de la primaria, cuando ambas vivían en Michoacán. La madre de Anita tiene cáncer y la chica trabaja en un almacén WalMart para ayudar en casa –"no tengo idea de cómo es que llegó un WalMart ahí", me dice Yunuen sorprendida–. La hermana de Anita es más chica que ella; está casada con un hombre con una adicción y tienen tres hijos. Yunuen no pudo evitar pensar que ella estaría en una situación similar si su familia no hubiera migrado.

–Siento que esa tendría que ser mi vida –me dice con una sombra de auténtica culpa–. Soy tan afortunada por estar aquí, por hacer todo lo que hago, pero aun así quisiera que hubiera más para mí, quisiera no tener que lidiar con todos estos obstáculos, porque cada día tengo que pensar: ¿dónde voy a estar en los próximos meses? ¿Tendré un empleo?

Cada vez que aparece sobre la mesa el debate sobre la inmigración irregular en Estados Unidos, con todas las limitaciones que esto representa para quienes están en el país sin documentos, surge una pregunta obligada, que casi toda persona indocumentada ha tenido que responder: ¿no sería más fácil si regresaras a tu país? Yunuen ríe cuando le hago este comentario porque sí, esta es una explicación que ella ha tenido que dar muchas veces.

–Hay una razón por la que estamos aquí. Cuando mi familia y yo nos preparábamos para venir, los meses previos literalmente no teníamos qué comer. Mi mamá plantó chayotes en la parte de atrás de la casa, pero no tenía dinero para comprar tortillas. Era difícil sobrevivir. No sé qué habría pasado con nosotros si no hubiéramos venido, pero la situación no era así porque mi papá fuera flojo: era porque no había trabajo. Yo no me considero una persona brillante, pero siempre había ido bien en la escuela y en aquel momento ya estaba teniendo problemas, porque mi atención estaba en otro lado. Sé que tal vez no habría podido ir a la escuela, seguramente no a la universidad; sé que en México hay escuelas públicas gratuitas, pero ese no es el problema: el problema es que tienes que sobrevivir económicamente para poder ir a la escuela.

A pesar de que Yunuen está consciente de que la posibilidad de futuro en su ciudad de origen es limitada –sus primos que aún viven ahí tienen problemas para encontrar empleo, y el estado se ha convertido en uno de los focos de violencia en el país a consecuencia de la llamada “guerra contra el narcotráfico”–, esa es una posibilidad que ha tenido que considerar en algún momento: si, como lo prometió, en algún momento Donald Trump revoca o simplemente no renueva el DACA, jóvenes como Yunuen volverán a quedar vulnerables ante una posibilidad de deportación. Y una deportación puede ocurrir de la noche a la mañana.

–Sí he hablado de esto con algunos amigos, y siempre me dicen: "yo tengo familia allá, podrías llegar a su casa si eso ocurre". Bueno, aún cuando tengo un título universitario, creo que eso no significa nada; no sé si podría trabajar como periodista, ¡matan a tantos periodistas! Sé que tal vez con mi red de amigos podría encontrar algo, como recepcionista o algo así. He estado lejos por demasiados años y las cosas han cambiado. Cuando era niña, un día en las noticias publicaron que habían encontrado a una calle de mi escuela un cuerpo junto a una carnicería; era 2002. Recuerdo la imagen de la carnicería y el cuerpo y la sangre; fue una gran noticia. Ahora eso es común, encuentran un cuerpo a diario. Mi familia aún está allá y les han pasado cosas; viven sus vidas esperando que no les pase nada más.

Y entonces, con una fuerza como venida desde adentro, esa que le hace salir adelante cada vez que parece que ya no hay más oportunidad, Yunuen me explica casi sin respirar que sí, que ella está consciente de lo que este país le ha dado, pero también de lo que ella tiene para dar.

–¿Cómo puedes, como fotoperiodista, contar la historia de una mujer de una minoría racial o étnica si eres un hombre anglosajón? Entiendo que hay gente que es empática cuando escucha estas historias, pero, si la otra persona no entiende la vivencia, si no entiendes de dónde vienen, nunca tendrás la historia completa. Yo veo que en los periódicos aprecian la sensibilidad que personas como yo pueden brindarle al trabajo, que nadie más puede darles. Estoy segura de que hay otros periodistas con documentos que pueden hacer lo mismo que yo, y aún tengo mucho que aprender y madurar en mi trabajo, pero siento que yo, por mi experiencia, tengo los elementos correctos para contar esta historia como nadie más a través de mis ojos. ¿Cómo puedes contar la historia de un niño guatemalteco? ¿Le vas a preguntar: "cuéntame qué se siente al estar en una celda de inmigración"? Yo he estado en una celda de inmigración, yo te lo puedo decir. Te puedo contar sobre los nombres en las paredes, por ejemplo: mucha gente escribe en la celda su nombre y cuántas veces ha cruzado la frontera, y dejan mensajitos de esperanza. Recuerdo el mensaje de una mujer que decía: "He tratado 20 veces y sigo intentando" –me dice esta frase en español–. Y yo pensaba, ¿cuántas veces tendré que intentar yo? Había cifras de dos dígitos ahí. Nadie tendría que intentar algo en cifras de dos dígitos para tener una vida mejor, y la gente no lo hace porque Estados Unidos sea muy bonito o porque quieran disfrutar del lujo; es porque necesitan proveer para su familia porque no tienen otra manera de sobrevivir, así que siento que yo puedo contar esa historia un poco mejor. Si no contamos sus historias desde esa perspectiva, seguirán siendo números en lugar de gente.

Yunuen sabe que DACA ha sido, como lo describe ella, "una bandita adhesiva". Aunque siempre ha sido cuidadosa, con DACA se ha sentido con mayor libertad. Ahora está consciente de que bajo la administración Trump en cualquier momento el riesgo podría ser mayor, pero se rehúsa a ocultarse.

–Ya no me escondo más. Mi papá tiene esta actitud de "no le digas a nadie, no le digas a los vecinos que eres indocumentada"; yo solo estoy siendo más cuidadosa. En este momento no se trata tanto sobre qué pasaría allá si me deportan, sino sobre el hecho de que me quitarían el lugar al que pertenezco. Aunque aún no siento que este es mi hogar, yo siento que contribuyo a la sociedad de alguna manera. No tengo un récord criminal, no le deseo mal a nadie, soy solo una persona tratando de vivir. ¿Por qué no se me puede dar la oportunidad de ganarme la vida?

El proyecto fotográfico más reciente de Yunuen es una serie de retratos de beneficiarios de DACA, como ella, acompañados por la respuesta que le dio cada uno al preguntarles qué harían si perdieran la protección del programa. Pero ella misma no solía ser demasiado pública con respecto a su estatus migratorio, hasta este año. El 27 de junio, horas después de que el presidente Trump firmara la orden ejecutiva para detener el ingreso de ciertos migrantes a Estados Unidos, conocida como *muslim ban*, Yunuen escribió en su muro de Facebook:

> "*Here's my revolutionary act for the day: I'm #Undocumented AndUnafraid and I'm #HereToStay*".

5. Cuestión de honor

Alberto B. Mendoza, 46 años

Ensenada, Baja California/Los Ángeles, California

El 18 de noviembre de 1901 tuvo lugar uno de los escándalos más sonados entre la sociedad de principios del siglo XX en México, durante el mandato de Porfirio Díaz: una redada realizada en una vivienda particular donde se celebraba una fiesta en la que participaban 41 hombres homosexuales, 19 de ellos vestidos como mujeres. La policía ingresó en el lugar con violencia, y para humillar a quienes habían tomado parte en el evento, hizo que los detenidos desfilaran en público; se les describió como "vagos, rateros y afeminados" y, una vez encarcelados, se les impusieron elevadas fianzas para que pudieran salir. Quienes no tuvieron los recursos para pagar fueron trasladados a trabajar en obras públicas en el estado de Yucatán.

El episodio fue conocido como "El baile de los 41"[1] y tuvo gran difusión mediática. Más tarde se sabría que uno de los hombres había escapado; corrió el rumor de que el desaparecido número 41 era el yerno de Díaz y que por esa razón lo dejaron ir. Hasta la fecha, en México suele utilizarse el término "41" para hacer alusión a la homosexualidad.

Ocho décadas después de este evento, a principios de los años ochenta, Alberto Mendoza, entonces un joven de 12 o 13 años, viajaba en el auto con su padre. Era verano, hacía calor y estaban esperando para cruzar la frontera entre México y Estados Unidos, en la garita que conecta a Tijuana con San Diego. En la radio empezó a sonar un comercial anunciando el desfile del orgullo gay en San Diego. El padre de Alberto exclamó: "Deberían echar una bomba y matar a todos esos maricones". A Alberto, quien en ese momento aún no se identificaba abiertamente como homosexual, le estremeció profundamente el comentario.

Pasarían 20 años más para que un día de 2013, Alberto decidiera fundar una organización que reivindicaría su identidad y la de todos los que como él han tenido que enfrentar la sanción social debido a su orientación sexual. Decidió llamarla Honor 41.

***

Alberto Bartolomeo Mendoza nació en Ensenada, Baja California. No había cumplido un año de edad cuando su padre, quien era vendedor de las aspiradoras Kirby, muy populares en esa época, fue promovido para mudarse a la zona de ventas del Caribe, con sede en Puerto Rico. Para el padre de Alberto, quien había sido un chico pobre de familia numerosa, esto representó pasar de tener casi nada a la oportunidad de un mundo distinto para sus hijos. La familia vivió casi 10 años en Puerto Rico, donde Alberto creció como un chico extrovertido y seguro de si mismo; ahí nacieron sus dos hermanos. Una década después, volvieron al área de San Diego, en Estados Unidos.

–Vivíamos a tres salidas de la frontera, pero cruzábamos para ir a Tijuana casi a diario. Ahí estaba mi abuela, mis tías y tíos; ahí era donde hacía mi vida. Yo decía que era un mexicano que dormía en Estados Unidos; me crié pensando que mi futuro podía estar en cualquiera de los dos países.

El cambio, sin embargo, tuvo un efecto en él, debido a que su lengua materna era el español y no podía comunicarse eficientemente en inglés con otros chicos. Eso, sumado al desarrollo natural de la pubertad, hizo que su carácter cambiara y se volviera introvertido.

Unos meses más tarde Alberto –alto, moreno, de cabello obscuro y sonrisa de modelo– encontró la manera para ser popular: en su casa había una alberca y empezó a invitar a sus compañeros. Alberto se volvió parte del grupo y, en medio de la satisfacción de tener amigos, uno de sus compañeros lo apodó con el número 41.

–Yo no sabía qué significaba eso. Para mí tener un apodo era señal de que ya era parte de ellos, porque todos tenían un apodo: *Gordo*, *Pelón*, lo que sea. Estaba muy contento. Pero un día que estábamos en la casa, mi papá llegó y escuchó que me apodaban "41". Me llamó al garaje y me preguntó por qué me decían eso; le dije que era mi apodo. "Te están diciendo maricón, ¿eres maricón?", le preguntó su padre.

–En ese momento me di cuenta de que ya era obvio para todos. Yo sabía que era diferente, que me atraían más los hombres que las mujeres, y tenía aspectos feminizados; no necesariamente era *queen*, pero no era típicamente masculino, no me salía. Miré a mi papá, y le respondí que no, que no era maricón. Él salió del garaje, corrió a todos y me dijo que no me podía juntar con ellos. A partir de ahí, agarraron carrilla conmigo: empezaron a decirme "41" con coraje, con burla.

A pesar de lo doloroso del incidente, Alberto aún no sabía cuál era la razón por la que el número 41 implicaba homosexualidad. Su lógica le decía que tal vez en México, si a los 41 años no te habías casado y tenido hijos, era porque eras gay. Con esa explicación propia, decidió seguir adelante.

Cuando Alberto ingresó al décimo grado, el equivalente a primero de preparatoria en México, decidió postularse para ser vicepresidente del Consejo Estudiantil de su escuela. Para entonces ya dominaba el inglés y deseaba recuperar un lugar en el espacio social. Con un instinto natural para entender el comportamiento de las personas, dedujo que ese año no ganaría, pero que haciendo campaña la gente empezaría a conocer su nombre y sus ideas. Así fue: al año siguiente volvió a postularse y ganó.

Tener una posición de poder dentro de su escuela le abrió también otras puertas. Alberto identifica ese momento como el surgimiento de su activismo. Se dio cuenta de que, a pesar de ser una mayoría notable, los latinos no tenían representación en las actividades extracurriculares de la escuela: setenta por ciento de los alumnos eran latinos –la mitad cruzaba la frontera a diario–, veinte por ciento eran filipinos, y aún así eran estos últimos los que tenían las principales posiciones en el Consejo Estudiantil, en la organización de porristas, en el beisbol, en la programación del anuario, en el periódico escolar. ¿Cómo puede ser qué con tantos mexicanos no haya alguien que nos represente?, se preguntaba Alberto. Entonces se le ocurrió una idea: para involucrar a más personas latinas, había que publicar información sobre las actividades en inglés y en español. A las pocas semanas de incorporarse al Consejo Estudiantil, ya había propuesto la creación de un periódico en español, *La Voz Azteca*.

Cuando otra vez se sentía seguro en la escena social, vino un nuevo evento a dejar una marca dolorosa en Alberto. Durante una asamblea mensual ante la escuela, mientras él hacía una presentación, uno de los estudiantes le gritó: "¡Cuarenta y uno!". El resto de los alumnos empezó a corear con fuerza: "¡Cuarenta y uno, cuarenta y uno, cuarenta y uno!".

–Me quería morir, quería desaparecer. Unos sabían qué era; otros no, y para los profesores se oía como que era un chico popular, pero me están echando burla enfrente de todos y yo quería salirme de ahí lo más pronto que pudiera.

Tratando de dejar atrás el trago amargo, al año siguiente Alberto se cambió de escuela. Ingresó a una fraternidad y ya con plena consciencia de su identidad homosexual, a los 19 años acudió por primera vez a un bar gay. En esa época también se sinceró con sus hermanos, quienes respondieron muy bien, y habló con sus padres. Su madre reaccionó mal, lo cual resultó inesperado e hirió a Alberto; tuvo que pasar un año para que la relación entre ellos volviera a ser cercana. Su padre, para su sorpresa, solo le estrechó la mano y le dijo: "De acuerdo. Nada más quiero que te sepas defender".

A pesar de haber salido del clóset con su familia y de sentirse cómodo consigo mismo, el dolor regresaba alguna vez cuando había una referencia el número 41 o cuando escuchaba comentarios despectivos vinculados con su identidad.

–Yo no tenía ningún *role model*, un modelo a seguir que fuera positivo. En aquel momento la imagen de una persona gay era Juan Gabriel o las *drag queens*, o los estilistas con sus boas, o los hombres que se sabía que tenían relaciones con otros hombres pero estaban casados y regresaban con sus esposas. No había nadie en el medio que hablara positivamente de ser gay; siempre era la crítica, la burla, "el maricón aquel". Cuando empecé a salir a los clubs en West Hollywood, no había ejemplos para mí de lo que significaba ser un hombre gay latino. Como hombre gay, el modelo a seguir eran los blancos, aunque como hombre del diario era latino. No podía tener ese mundo combinado. Y cuando conocías a un latino, ya no era Marco, era Mark; los mismos latinos se habían americanizado porque no había opciones.

Alberto asegura que debido a esto y a su desarrollo personal y profesional durante esos años, se volvió adaptable "pero al mismo tiempo invisible". Aprendió a lucir tan bien como cualquier hombre anglosajón en un traje y corbata; a demostrar que es un hombre educado –estudió Sociología y Ciencia Política–, de amplio vocabulario, sin un acento pronunciado, y a relacionarse desde su posición de un latino que puede encajar en cualquier medio. Pero aun así, no había un espacio donde pudiera proyectarse como un hombre homosexual exitoso, porque a los estereotipos ya existentes se sumó el estigma de finales de los ochenta y principios de los noventa para la comunidad gay: el VIH y el SIDA. De pronto, la narrativa sobre la homosexualidad empezó a girar en torno a este asunto.

El tema del VIH entre la comunidad latina ha sido un asunto que preocupa a las autoridades de salud, debido a una alta prevalencia del padecimiento entre la comunidad latina por encima de otras razas o grupos étnicos desde que la enfermedad fue detectada.

Aunque entre 2005 y 2014 los diagnósticos entre la comunidad latina en general bajaron un cuatro por ciento, los diagnósticos entre los hombres gay y bisexuales en general se elevaron en 24 por ciento, y los diagnósticos entre hombres gay y bisexuales latinos jóvenes –entre 13 y 24 años– se incrementaron en 87 por ciento. En 2014 los latinos conformaban el la cuarta parte de los nuevos diagnósticos de VIH (aproximadamente 11 mil de un estimado de 45 mil nuevos diagnósticos), aunque la población latina es solo 17 por ciento de la población total de Estados Unidos. Siete de cada 10 personas latinas diagnosticadas con el virus fueron hombres gay, bisexuales o que tuvieron sexo con otro hombre.[2]

El Centro para el Control y Prevención de Enfermedades del Departamento de Salud de Estados Unidos ha detectado que hay factores culturales que pueden incidir en el alto índice de latinos contagiados con el virus, como la falta de búsqueda de ayuda, detección o tratamiento por miedo a ser discriminados por su origen. El machismo y el estigma que rodea a la homosexualidad se suman a la fórmula, además de factores sociales como la pobreza, los patrones de migración, el bajo nivel educativo, la falta de acceso a servicios de salud y la barrera del lenguaje. Otro elemento a considerar es el estatus migratorio: entre los inmigrantes latinos indocumentados es común pensar que al acudir a un servicio médico puede descubrirse su estatus migratorio, poniéndolos en riesgo de deportación.

Durante los años posteriores a su vida universitaria, Alberto trabajó con una organización en San Francisco, Stop Aids Project, como coordinador del programa de hombres latinos; más tarde se mudó a un proyecto similar en Los Ángeles, AIDS Project, y se involucró en otros proyectos activistas, de derechos civiles y de justicia ambiental. En el camino, conoció a una gran cantidad de hombres latinos, y Alberto identificó que entre esta comunidad siempre había algún conflicto personal: esconder que eran seropositivos, u ocultar su identidad homosexual a sus padres o en su empleo. Y se dio cuenta de que esto los ponía en riesgo, que muchos de sus amigos paliaban el conflicto personal con el uso de alcohol o de drogas, que en algún momento todo el asunto dejó de ser divertido.

Cuando en 2008 la Proposición 8 de California,[3] que buscaba eliminar el derecho de las personas del mismo sexo a contraer matrimonio, fue aprobada, Alberto volvió a hacerse la pregunta de siempre: ¿quiénes son los líderes en nuestra comunidad? ¿Por qué no estamos recibiendo nosotros los financiamientos, por qué no estamos en posiciones de poder? ¿Quién es un modelo a seguir para los jóvenes gay latinos?

No sería sino hasta 2012 que encontraría una manera de empezar a responder a estas preguntas. A principios de ese año, durante una charla con uno de sus amigos cercanos, el activista Roland Palencia, Alberto comentó que su cumpleaños se acercaba: cumpliría 41 años y el odiaba el número por lo que le había ocurrido en su juventud. Entonces Roland le contó la historia del baile de los 41, y Alberto se quedó de una pieza: nunca la había escuchado y apenas ahora entendía todo.

–La historia se apoderó de mí, pude verme en ella. Me provocó un enojo terrible. Por mucho tiempo ese asunto me hizo sentir vulnerable, me sentía castigado. Y ahora me di cuenta de no era un castigo, que estaba guardado en mi consciencia porque era parte de mi misión, y que tenía que entenderlo cuando estuviera listo y abierto para hacer lo que tenía que hacer.

Alberto recuerda los días posteriores, pensando qué hacer con lo que ahora tenía en las manos. Se dio cuenta de que no quería abrir otra organización más, que tenía que enfocarse en las características de su comunidad. Se dio cuenta de que cuando un hombre anglosajón sale del clóset, usualmente deja a su familia, se va a otra ciudad del otro lado del país, empieza una nueva vida de cero y visita a sus padres un par de veces al año. Pero los latinos no hacen eso: es parte de su fibra estar cerca de la familia, hablar con sus padres, ver cómo se encuentran, vivir cerca de sus hermanos. Y aun así, es difícil que en el entorno familiar se acepte de manera natural a un hijo gay. Alberto dedujo que esto era un círculo vicioso: es difícil compartir la historia propia porque no hay otras historias allá afuera, en el discurso público. Y pensó también que el cambio no iba a ocurrir solo por desearlo, que tenía que hacer que ocurriera.

–Teníamos que celebrarnos a nosotros mismos de un modo diferente, y decidí hacerlo a partir de la historia de los 41: homenajear a esas 41 personas que perdieron la vida, contando nuestras historias: cómo salimos del clóset, nuestra experiencia con la aceptación o el rechazo, cómo lo manejamos con nuestras familias. ¿Fue una lucha? Si no, ¿cómo lo hicieron?

Alberto inició su proyecto: publicar una lista con 41 personas latinas de la comunidad LGBTQ con historias inspiradoras, de lucha y resistencia. Tras hacer la primera selección, en la que incluyó a periodistas, activistas, políticos, artistas, empresarios, empezó a grabar semblanzas en video de cada uno para subirlos a la página de internet del proyecto. Había nacido Honor 41.

–Elegí el nombre Honor 41, que además puede ser dicho en inglés y en español, porque para mí este proyecto es un reclamo, es educar a los otros con la historia –cuenta hoy, después de cuatro años de publicar una lista anual–. Decir quiénes somos y dónde estamos. Celebrar quiénes somos hoy y hacer lo mejor posible para ayudar a otros chicos que están pasándolo mal por esto.

El 3 de junio de 2013, el último día de su año 41, Alberto terminó de editar el último video de su primera lista Honor 41.

***

Barack Obama está molesto. Apenas va iniciando el discurso que trae preparado —bien articulado, cada palabra en su lugar, como de costumbre—, cuando es interrumpido a gritos por una voz al fondo del salón. "¡Presidente Obama! ¡Presidente Obama!", se alcanza a escuchar fuera de cámara. Obama reacciona sin ápice de paciencia, tajante; levanta la voz, hace un gesto con la mano.

—¡No! ¡No, no, no, no, no! Escucha: estás en mi casa. ¿Y sabes qué? Es una falta de respeto que te inviten a la casa de alguien…

La voz continúa oyéndose. Palabras entrecortadas hacen alusión a indocumentados, tortura y centros de detención.

—No vas a obtener una buena respuesta si me interrumpes de esta manera —continúa Obama—. Lo siento… no, no. Deberías avergonzarte.

Un exasperado mandatario pide que saquen del salón a quien lo ha interrumpido. Detiene su discurso, destinado a celebrar el mes del Orgullo LGBT. Es miércoles 24 de junio de 2015 y esta reunión, a la que cada año convoca la Casa Blanca, agrupa a los principales líderes y activistas de este movimiento en Estados Unidos. En esta ocasión la celebración es particularmente importante: en unas horas la Suprema Corte de la nación emitirá un veredicto histórico que legaliza el matrimonio igualitario. Mientras los gritos siguen, Obama trata de mantener el gesto suave, pero lanza una mirada filosa; pide que los guardias se apresuren a escoltar a la señalada afuera del ala este de la residencia presidencial.

Jennicet Gutiérrez, la señalada, sonríe con una mezcla de picardía e incredulidad cuando recuerda el episodio: como representante y activista de la comunidad transgénero, logró una invitación para el evento. Entonces decidió aprovechar la oportunidad para transmitir su mensaje: en los centros de detención de inmigrantes se violan los derechos de las personas como ella. Ha pasado una semana desde que el equipo de seguridad de la Casa Blanca la escoltó a la puerta, y su vida ha dado un vuelco. Le han llegado mensajes de apoyo y solidaridad, y también de odio, pero esta mujer de 29 años, originaria de Jalisco, se enfoca en los primeros y trata de ignorar los segundos. Sentada en una mesa pequeña del apartamento que comparte con una *roommate* en el modesto barrio de Van Nuys, en la ciudad de Los Ángeles, Jennicet se emociona al hablar de ese momento.

–Sentí una fuerza que me vino desde adentro, era algo que estaba destinado. La Casa Blanca tiene unas reglas de acceso muy estrictas; por eso se me hizo muy significativo que, siendo una mujer indocumentada transgénero, mexicana, me dieran ese acceso. Llegué ahí con todas las experiencias que he vivido, con el dolor de mis compañeras, y al escuchar el discurso del presidente, hablando de mucho progreso de la comunidad

LGBTQ y pintando todo color de rosa, salió. Yo no le estaba cuestionando ese progreso; solo quería recalcarle una realidad que ni mi propia comunidad quiere ver: la discriminación, el abuso que mis compañeras están viviendo en los centros de detención.[4]

Jennicet le gritó a Obama que no puede haber progreso para la comunidad LGBTQ si un sector, las mujeres transgénero indocumentadas, siguen sufriendo discriminación.

Gritó porque quería compartir la historia de las 75 personas transgénero que cada noche duermen en centros de detención de inmigración solicitando asilo político, y que son víctimas de violencia; de ellas, noventa por ciento son mujeres. Pero, sobre todo, Jennicet le gritó al presidente reivindicando, asegura, su dignidad de mujer.

–Me llamo Jennicet Gutiérrez. Soy una orgullosa latina trans indocumentada –explica la joven, rostro moreno, pelo negro obscurísimo, ojos vivaces, en el video de su semblanza para la lista Honor 41 de 2015–. Mi género no conectaba con mi cerebro, así que empecé mi proceso –añade, cuando describe de su experiencia personal.

Llegar a ese punto, el de portar las tres etiquetas con orgullo –latina, trans, indocumentada–, no le fue fácil. Hace 15 años llegó a Estados Unidos como consecuencia de la migración familiar; de todos sus hermanos es la única que continúa indocumentada. Conserva en la memoria episodios agradables de su infancia en México, pero también la lucha por aceptarse como era. La migración no facilitó las cosas: la falta de documentos, de dominio del idioma y el choque cultural hicieron que la adaptación a su nuevo país resultara difícil. Tuvieron que pasar más de 10 años, dice, para encontrar su voz.

El proceso no habría sido posible sin el apoyo de su familia y de la comunidad que la acogió. Conoció a Bambi Salcedo, una connotada activista transgénero del sur de California, presidenta de la organización TransLatina Coalition, y en 2014 Jennicet dejó su trabajo en un hospital para dedicarse de tiempo completo al activismo con el grupo Familia: TransQueer Liberation Movement.

Según esta organización, la vulnerabilidad de la comunidad transgénero en Estados Unidos es un asunto pendiente en la lucha por los derechos LGBTQ. Un estudio del *think tank* Center for American Progress indica que una de cada tres personas transgénero pertenecen a una minoría racial; pero, en el caso de las personas transgénero indocumentadas, la cifra alcanza 98 por ciento.

–Lo que quiero demostrar es que hay una violencia que nos conecta a las minorías en este país y que mucha gente no quiere ver las conexiones. Piensan que porque esta persona es afroamericana, esta es homosexual, esta es transgénero, a ellos no les afecta –explica Jennicet–. Quiero que la gente vea esa conexión y cómo el sistema nos mantiene divididos.

Alta, de figura curvilínea y ojos chispeantes, Jennicet prefiere no compartir el nombre con el que fue registrada al nacer.

–Creo que he encontrado esa voz y que mucha gente se ha identificado con ella; así es como tuve el valor de ir a la Casa Blanca y enfrentarme al hombre más poderoso del mundo. Encontré la fuerza y el valor para denunciar públicamente lo que mis compañeras transgénero están pasando. Fue un proceso fuerte para decir "estoy lista y voy a luchar por mis derechos".

Cuando Jennicet decidió interpelar a Obama, no lo hizo llevada por un simple impulso. Un largo historial de denuncias precede a su queja que, sin pensarlo, se convirtió en un grito que sería cubierto por los medios y que traería consecuencias que pocos hubieran esperado.

En noviembre de 2014, el equipo de investigación de la cadena Fusión, con financiamiento de la Fundación Ford, publicó un reporte que incluye estadísticas y testimonios de mujeres transgénero que han sido víctimas de abuso sexual en centros de detención para inmigrantes. Una de cada 500 personas detenidas en estos centros es transgénero; sin embargo, una de cada cinco denuncias de abuso sexual proviene de una de esas personas transgénero. Estos lugares operan bajo lineamientos que determinan el sitio al que debe ser dirigido cada interno de acuerdo con la información contenida en su tarjeta de identificación. El problema es que los documentos con los que cuentan estas mujeres transgénero —muchas de ellas huyendo de la violencia de países centroamericanos o de México— no asientan su identidad actual.

La carencia de documentos se convierte en un problema que va más allá del tema migratorio: es la falta del reconocimiento de la propia identidad. Terminan alojadas en celdas con otros hombres, donde son víctimas de abuso, violencia física, psicológica, sexual e incluso tortura.

–Si no tienes documentos, no puedes finalizar el proceso de construir tu identidad; es todo parte del mismo problema –explica Jennicet–. Para cambiar tu nombre en Estados Unidos, tienes que tener un número de Seguro Social; si eres indocumentado, no lo tienes. Entonces no puedes cambiar tu nombre; tu única identificación es la que trae tu identidad de cuna, que no es con la que te identificas actualmente. Esto crea un conflicto legal y de seguridad. No puedes identificarte como la persona que estás expresando ser.

Un día después del episodio de Jennicet en la Casa Blanca, un grupo de 35 congresistas demócratas envió una carta al entonces secretario de Seguridad Interna, Jeh Johnson, exigiendo la liberación de los inmigrantes transgénero detenidos en centros de inmigración para hombres, debido a que "estos individuos son extremadamente vulnerables al abuso, incluido el ataque sexual, mientras se encuentran en custodia". Tres días más tarde, el 29 de junio, la Oficina de Control de Inmigración y Aduanas (ICE) dio a conocer un memorándum con nuevos lineamientos que establecen, entre otras cosas, que las personas que se identifiquen como transgénero "serán alojadas en instalaciones de detención acordes a su identidad de género".

Esta fue sin duda una pequeña victoria para Jennicet y para el movimiento LGBTQ, pero nadie baja la guardia: si algo han aprendido los grupos activistas con la llegada de Donald Trump al poder, es que las cosas siempre pueden estar peor. El 15 de noviembre de 2016, una semana después del triunfo electoral del magnate, tres organizaciones encabezadas por la Red Nacional de Jornaleros Organizados (NDLON) se reunieron en Los Ángeles para empezar a trabajar en una estrategia de resistencia ante la nueva administración. Jennicet fue una de las oradoras, y más tarde, en una entrevista con los medios, fue clara: sin importar quién sea el presidente, volvería a hacer lo que hizo, a pesar de que sus cuatro "etiquetas" –indocumentada, transgénero, mujer, latina– la dejan vulnerable a la luz del discurso discriminatorio de Trump.

–Sí, tengo miedo. Sí, estoy preocupada, pero el miedo no me va a detener –dijo a un reportero de la revista especializada en temas LGBTQ *The Advocate*–. Si los medios no estaban poniendo atención al tema de las mujeres trans en los centros de detención, definitivamente después del evento con Obama empezaron a verlo. Pero con Trump tomando posesión, serán muchos otros los asuntos que requerirán de nuestro activismo.

En 2015, el año en el que Jennicet interrumpió a Obama, 21 mujeres transgénero fueron asesinadas en Estados Unidos. Para el año 2016, la cifra ascendió a 26. Las cifras para los años por venir no son en absoluto optimistas.

***

Cuando comentamos la historia de Jennicet, Alberto sonríe con orgullo. Menciona también a Bambi Salcedo, quien formó parte de la primera lista de Honor 41 en 2013. El asunto de la representación de la diversidad, incluso dentro del propio movimiento LGBTQ, era importante para él desde el primer día; no quería una lista solo con hombres gay.

–La mayoría ha tenido que salir del clóset dos veces: primero como gay o lesbiana, y luego como trans –explica–. Están en el fondo del barril y decidí incluirlos desde el principio; conocía a suficiente gente trans para saber que su viaje era mas difícil que el mío. El hecho de que en ocasiones se ven forzados a vender sexo para sobrevivir, que sean más abiertamente rechazados, los fuerza a estar en diferentes clósets.

El tema de los dos clósets también aparece cuando Alberto habla de los chicos *undocuqueer*, un movimiento surgido al interior de la lucha por la aprobación del DREAM Act, en el que jóvenes indocumentados han encontrado en la causa proinmigrante la oportunidad de asumir con orgullo su identidad LGBTQ, o al revés. Descubrió que tanto con sus entrevistados trans como con quienes eran *dreamer*s, al llegar a la pregunta "¿dónde quieres estar dentro de cinco años?", era difícil responder por la incertidumbre de su estatus migratorio. En el caso de sus entrevistados trans, algunos incluso respondieron que no sabían si estarían vivos.

Otro aspecto de la diversidad que Alberto trató de cuidar fue la edad; las listas de Honor 41 pueden incluir a gente de 25 años o a gente de 45. Buscó que hubiera gente de diferentes áreas: estudiantes, asistentes de oficina, activistas, un senador, un juez. Un 35 por ciento de sus entrevistados son VIH positivos, aunque algunos no lo dicen en su testimonio. Y lo más difícil financieramente: que hubiera una representación geográfica, para lo cual habría que viajar. Alberto no quería buscar el apoyo financiero de grupos que le acarrearan compromisos corporativos innecesarios, así que decidió que trabajaría con donaciones de la gente; tramitó el estatus de *non profit* para la organización, y adaptó en la página una invitación a donar 41 dólares o más para el proyecto. Empezó haciendo las primeras entrevistas con una cámara digital y con no muy buen audio. Sus primeros cinco personajes fueron los activistas David Damian Figueroa y Mario Guerrero; su amigo, el líder comunitario Roland Palencia; la actriz y activista transgénero Maria Román, y la agente de policía Candice Covarrubias. De los 164 entrevistados que tiene el proyecto hasta ahora, 64 por ciento son de origen mexicano.

Imelda Plascencia y Claudia Iveth Ramírez comparten uno de los videos de la primera lista y se identifican como *queer and fluid*, característica que Imelda describe como "ver más allá de la condición binaria, no estar limitada, experimentar para conocer más sobre mí misma y, en ese proceso, sobre el mundo en el que vivimos". Ambas trabajan en el proyecto CIRCLE Project y en el programa *Queer Dream Summer.* Su labor consiste, explican, en crear espacios de justicia sanadora para inmigrantes indocumentados *queer.*

–Hablamos sobre nuestras familias, sobre nuestras experiencias, sobre por qué somos indocumentados y por qué continuamos siendo indocumentados, y no podemos hablar eso sin hablar de privilegio, de dinámicas de poder, de la sociedad cómo un todo y la manera en que esta nos impacta diariamente a nivel personal –explica Imelda–. Cuando le preguntas a una persona indocumentada en dónde va a estar dentro de 10 años, esto hace que afloren sentimientos y pensamientos difíciles con los cuales hay que lidiar, porque no tienes garantías; hay mucha incertidumbre. Es difícil visualizarlo, e incluso cuando tienes algo, es difícil disfrutarlo.

Para Claudia, ser una persona indocumentada y *queer* ha sido doloroso. A través de este proyecto, busca sanar su propio dolor y ayudar a sanar el de otros.

–Mi consejo para quienes están saliendo del clóset es: encuentra a tu comunidad, gente a la que le gustes, gente que te va a ayudar, que te va a elevar. Aunque a veces es difícil encontrar a esa comunidad, esta va a estar a tu lado y ayudarte a sanar. Y otra cosa: procura estar cómodo contigo mismo. A veces cuando sales del clóset sientes que tienes que encajar en un rol, pero no tienes que hacerlo, solo ser tú.

–Este es un proyecto que celebra quiénes somos, de manera que podamos servir como *role models*, como modelos a seguir para las nuevas generaciones, porque yo nunca tuve uno –dice Alberto–. Cuando he invitado a la gente a participar, el proyecto les entusiasma; me dicen que sí sin siquiera verlo. Es raro para mí darme cuenta de que ahora la gente considera un honor estar en la lista. Hoy hemos quitado el estigma y el poder opresivo asociado con el número 41. Estos individuos viven su vida fuera del clóset y se honran a sí mismos, a sus familias y a nuestra comunidad.

6. Vivir en 46 kilómetros

Mónica Robles, 42 años

Nogales, Sonora/Río Rico, Arizona

Las noches en Arizona son atemporales. Salvo en las pocas ciudades grandes del estado, como Phoenix o Tucson, en Arizona las noches son de desierto y cielo estrellado. Los pequeños poblados, algunos con manchones verdes, otros completamente áridos, apenas se adivinan por las luces escasas de sus calles, de los poquísimos negocios que cierran tarde. Pero, si uno va por la carretera y mira al cielo, es un gran manto salpimentado el que cubre los pequeños pueblos en medio de casi nada, como hace 20 años, o 40, o más.

Río Rico es uno de esos pequeños pueblos. Ubicado a 20 minutos al norte de la frontera entre las dos ciudades que se llaman Nogales, una en Sonora y la otra en Arizona, Río Rico tiene 19 mil habitantes, de los cuales 16 mil son latinos, en un estado en el que una de cada 20 personas es indocumentada.[1]

Quienes viajan desde este punto de la frontera hacia el norte del país lo hacen a través de la autopista 19, un camino de 100 kilómetros que desemboca en otra autopista: la 10, una de las principales arterias de Estados Unidos. Sin embargo, no todos los que viven cerca de la frontera pueden llegar hasta la autopista 10. Quienes no cuentan con documentos migratorios no pueden pasar de la población de Tubac, 22 kilómetros al norte de Río Rico y 46 al norte de "la línea". Ahí, un retén permanente de las autoridades de inmigración se ha convertido en una segunda frontera. Las personas que han cruzado la primera sin papeles suelen vivir atrapados en un pequeño subpaís de 46 kilómetros de extensión, entre dos franjas de autoridades de inmigración.

Mónica Robles es una de estas personas.

***

Mónica tiene 42 años, lleva 18 en Estados Unidos y vive en la franja de los 46 kilómetros. Nacida en Nogales, Sonora, vivió en esa ciudad hasta poco antes de sus 25 años. Llegó a Estados Unidos con una visa como la que tienen casi todas las personas que viven en la zona fronteriza. Su madre era ciudadana de Estados Unidos y vivía de ese lado de la frontera. Los tres hijos de Mónica también nacieron en Estados Unidos –cosa que, me explica, le han agradecido toda la vida "porque en México no hay futuro para ellos"–. Mónica quería que sus hijas empezaran a estudiar en Arizona, así que la familia se mudó a Arizona.

Cuando inició su vida en Estados Unidos, el reto, como siempre, fue obtener un empleo sin tener un permiso de trabajo. Mónica empezó a limpiar casas y a hacer pasteles para venderlos en el tianguis. Primero vivieron en un apartamento, y después su madre compró una casa en la parte superior de Río Rico, en las montañas, donde se instalaron todos.

–Mi mamá me decía: esta casa es para ti y para mis nietas, quiero que estén en un lugar mejor. La casa la compró en 2007 con un crédito, y ese mismo año compró un auto color vino, que es el que aún traigo, que ya está todo bombo –me dice, y señala por la ventana–.

Estamos sentadas en la sala, un espacio cálido y familiar, de sillones grandes y muros en colores vivos. Es sábado, es de noche, y el terreno frente a su casa está cubierto por la penumbra de la montaña y las estrellas encendidas de esta región. Mónica, morena, guapa, de pelo negro rojizo que le cae ligeramente por debajo de las orejas, viste una chaqueta del mismo rojo brillante que su labial.

Aunque el 2007 pintaba bien para la familia, el gusto les duró poco. En octubre, a la madre de Mónica le diagnosticaron cáncer de páncreas, un padecimiento que suele ser fulminante, pero que en este caso se convirtió en una batalla de tres años. Mónica, que entonces esperaba a su tercer hijo, cuidaba a su madre y hacía tamales para vender y así completar el ingreso familiar; el dinero del seguro social que recibía su madre apenas alcanzaba para pagar la casa. Y quienes dicen que las desgracias no vienen solas, esta vez acertaron: unos meses antes de que muriera la madre de Mónica, mataron al papá de sus hijas, quien vivía en México y se encargaba del sustento de las niñas.

–Estaban las matazones a todo lo que daban y le dieron un balazo en un antro. Mi mamá lloró mucho, pensaba qué pasaría con nosotros cuando ella muriera. Yo le decía: "No llores, yo no estoy mocha, yo no me voy a quedar cruzada de brazos; si tú te tienes que ir, vete en paz". Primero yo pedía para que no se muriera, pero después la miraba tanto sufrir, que decía yo "Dios mío, ya llévatela que no puedo verla así".

La madre de Mónica murió en 2011, y para entonces el padre de su tercer hijo también había fallecido debido a una complicación en una cirugía. Mónica se quedó sola con sus tres hijos, sin ayuda económica, sin documentos y con el pago de una hipoteca. Durante un año cuidó niños, vendió ropa, hacía tamales tres o cuatro veces por semana, pero aun así no pudo mantener el paso con el pago de la casa; cuando quiso ponerse al corriente, tuvo que iniciar negociaciones infructuosas con el banco que terminaron en una orden de desalojo.

–Viví un año así, una vida horrible; me iba a acostar y no dormía pensando que me iban a sacar de la casa. ¿Qué voy a hacer? ¿Para dónde me voy a ir con mis hijos? Era un constante terror. Hasta que un día decidí no llorar más. Luchas tanto por tener las cosas, te enfermas como mi madre se enfermó, te mueres y al final de cuentas no te llevas nada; tenía la presión alta y no podía dormir, así que me dije a mí misma que tenía que calmarme.

Tras aceptar la pérdida de la casa de su madre, Mónica decidió buscar una actividad adicional al cuidado de niños, que era su principal fuente de ingreso. Así nació su negocio de hacer comida.

Como ocurre en casi todos los países, en Estados Unidos el empleo informal tiende a ser ignorado, a "no ser visto" cuando se habla de políticas públicas, y cuando se ve, tiende a criminalizarse: es una actividad propia del "mercado negro", de migrantes indocumentados o de evasores fiscales. Sin embargo, al margen de estos estereotipos, la existencia de este empleo permite la subsistencia de familias y de pequeños negocios, incluso durante las épocas de crisis o a veces más en estas épocas. Mucha gente joven, sin importar su estatus migratorio, se incorpora al mercado laboral como *baby sitter*, podando el césped, haciendo limpieza, preparando comida para luego venderla. Muchos de quienes no perciben un ingreso suficiente con su empleo formal, también recurren a este sector de horarios flexibles.

Una encuesta realizada en 2014 por el Banco de la Reserva Federal de Boston estima que en el mercado del empleo informal en Estados Unidos participan 42 por ciento de quienes trabajan de tiempo completo, 59 por ciento de quienes trabajan medio tiempo, cuarenta por ciento de quienes dicen estar buscando un empleo formal y 26 por ciento de quienes dicen dedicarse primordialmente a otra actividad que no sea trabajar. Del total de encuestados, 44 por ciento dijo haber participado en algún tipo de empleo informal durante los dos años previos para obtener mayores ingresos. Una de cada cuatro personas que, de acuerdo con la definición de la Oficina de Estadísticas de Empleo (BLS) estadounidense, "no participan en la fuerza de trabajo" tienen un empleo informal.[2]

Mónica pertenece a este grupo. Antes de que su madre enfermara, vendía comida con una amiga y no le iba mal. Con la enfermedad de su madre y el nacimiento de su tercer hijo, dejó de dedicarse a ello; pero cuatro años más tarde lo retomó. Empezó con 15 o 20 platos, de los cuales vendía la mitad. Ofrecía la comida directamente en los negocios, sin pena alguna. Actualmente vende entre 60 y 70 platos diarios por encargo.

Mónica brilla cuando me cuenta esto. Lanza una sonrisa y voltea los ojos enormes hacia el techo en actitud asombrada y divertida. Recuerda cómo cocinaba en el apartamentito al que se fue a vivir tras la muerte de su madre y luego bajaba los platos a su auto para empezarlos a ofrecer. Hoy ya no tiene que hacer eso: vende comida a los empleados de cuatro escuelas y a algunas otras empresas; "pura gente de caché", me dice en algún momento. Todas las mañanas les lleva el menú y recibe los pedidos. No solo eso: se ha vuelto generadora de empleo al pagar a dos personas para trabajar con ella. Su hijo también la ayuda en las entregas.

–No creas, vivo una vida de caos –me dice; quiere recuperar la seriedad, pero le gana la sonrisa de satisfacción que da el orgullo–. Todas las noches estoy metida en la cocina; me duermo a la una o dos de la mañana, me levanto a las seis, mando a mi hijo a la escuela, vengo y es puro cocinar, limpiar la cocina, comprar lo del día siguiente. Y luego depende del platillo; por ejemplo, si voy a hacer chiles rellenos, hago unos 80 o 100 chiles rellenos; si hago carne asada, son unos 10 o 15 kilos de carne. Y a entregar: por donde me hablen ya me conocen. Pero es una constante lucha.

***

Escuché la historia de Mónica a través de Julio Sánchez, un colega periodista en México que trabaja en la frontera. Nos encontramos en febrero de 2017, en un evento en la ciudad de Nogales, y empezamos a conversar sobre el posible endurecimiento de la política migratoria bajo la administración Trump; así llegamos al tema de los 46 kilómetros en esa región, una de las franjas de seguridad fronteriza más angostas de todo el país.

Estas franjas de seguridad establecidas en las fronteras y costas de Estados Unidos obedecen a una norma adoptada por el Departamento de Justicia en 1953. Sin someterse a debate o consideración pública, se estableció un perímetro de 100 millas, equivalente a 160 kilómetros, alrededor de todo el territorio nacional, sobre el cual tiene jurisdicción el Departamento de Seguridad Interna (DHS) a través de su Agencia de Control de Aduanas e Inmigración (CBP), que es la dependencia a cargo de la Patrulla Fronteriza. En ese tiempo había menos de 1,100 agentes de esta entidad; hoy hay más de 21 mil, y la administración Trump, a través del titular del DHS, John Kelly, se ha comprometido a contratar otros 15 mil.

Mucha gente piensa que las políticas que tienen que ver con la frontera y el ingreso de personas al país solo impactan a la gente que vive en las ciudades fronterizas como El Paso, en Texas, o San Diego, en California. Sin embargo, las operaciones de control migratorio de la Patrulla Fronteriza se extienden a todo el país; cerca de dos tercios de la población de Estados Unidos vive dentro de la zona de las 100 millas: 200 millones de personas. Hay estados que no son muy grandes, o cuya extensión es más longitudinal sobre la línea limítrofe que hacia el interior del país; por ejemplo, la mayoría o la totalidad de los territorios de Florida, Hawaii, Massachusetts, Nueva Jersey o Nueva York, entre otros estados, se encuentran dentro del área de las 100 millas. También se encuentran en la franja nueve de las 10 áreas metropolitanas más grandes del país: Nueva York, Los Ángeles, Chicago, Houston, Filadelfia, Phoenix, San Antonio, San Diego y San José.

Según la página web de CBP,[3] existen 145 estaciones de la Patrulla Fronteriza en el perímetro de las 100 millas. Texas es el estado que cuenta con el mayor número, 54, seguido por California y Arizona. Aunque en el registro de CBP solo aparecen 35 retenes de revisión permanentes en autopistas interestatales o de gran flujo vehicular, existen decenas de otros retenes "tácticos" operados por la misma agencia. Algunos medios registran hasta 200 puntos de este tipo operando simultáneamente en diferentes áreas.[4]

El retén permanente que corresponde a la autopista 19 se localiza al norte de Tubac. Como en todos los retenes de este tipo, uno debe bajar la velocidad conforme se acerca y seguir las instrucciones de los señalamientos. Cuando el agente de la Patrulla Fronteriza se aproxima, quienes son ciudadanos o residentes legales en Estados Unidos solo deben declarar que lo son; en cambio, los visitantes deben mostrar sus documentos migratorios. Hasta hace algunos años, personas en la situación de Mónica se arriesgaban a cruzar por estos retenes declarando ser ciudadanos; sin embargo, con el reforzamiento en la aplicación de las leyes migratorias tras los atentados terroristas del 11 de septiembre de 2001, las revisiones detalladas suelen ser más frecuentes, y quien sea descubierto mintiendo a una autoridad de migración puede ser acusado por un delito federal. De esta manera, los inmigrantes indocumentados que viven en esta zona están atrapados: no van al interior del país por el temor de ser cuestionados sobre su estatus migratorio, lo que podría terminar en su arresto y deportación, y tampoco van más allá de las costas o la frontera, porque no podrían volver. Viven en un limbo de menos de 160 kilómetros.

La Cuarta Enmienda de la Constitución de Estados Unidos protege a los estadounidenses de detenciones y revisiones arbitrarias. Sin embargo, la American Civil Liberties Union (ACLU), la organización de defensa de derechos civiles más importante de Estados Unidos, ha recibido centenares de denuncias de violación de los derechos constitucionales en estos puntos por por el asunto de las llamadas "revisiones de rutina". En 2014 la organización demandó al gobierno en nombre de 15 estadounidenses que aseguraban haber sido acosados injustamente en retenes fronterizos. Cientos de ciudadanos más han subido videos que muestran como los agentes abusan de ellos o acosan a personas en los retenes.

En los puertos de ingreso fronterizos, las autoridades federales no necesitan una orden, ni siquiera una sospecha, para justificar estas revisiones de rutina, que pueden incluir abrir y revisar el equipaje, el vehículo y todo lo que haya en ellos —en los primeros meses de la administración Trump el asunto de las revisiones del teléfono celular, que creó alguna controversia, volvió a poner de manifiesto este tema–. Pero estas revisiones no suceden solo en la frontera; la práctica se da en cualquier punto dentro de la zona de las 100 millas, lo cual, de acuerdo con ACLU, constituye un poder "extraconstitucional".

Las normas de operación de la Patrulla Fronteriza establecen que los agentes no pueden detener a alguien sin "sospecha razonable" de haber violado la ley de inmigración o haber cometido un crimen. Tampoco pueden revisar vehículos sin una orden o una "causa probable", entendida como una creencia razonable basada en hechos y circunstancias, de que es posible que haya ocurrido una violación a la ley de inmigración o un crimen. Pero en la práctica "los agentes de la Patrulla Fronteriza ignoran o malinterpretan los límites de su autoridad legal, lo que da por resultado violaciones a los derechos constitucionales de personas inocentes", señala un reporte de ACLU sobre el tema.[5] Muchas veces las causas para que esto ocurra están relacionadas con la falta de entrenamiento de los agentes, la falta de supervisión por parte de las autoridades de Seguridad Interna y la falta de sanción por parte de CBP para aquellos agentes que cometen abuso de autoridad.

"El trato de hostigamiento con el que se aplica la ley en nombre de la seguridad nacional por parte del gobierno federal crecientemente nos está convirtiendo en sospechosos", agrega el reporte de ACLU. "Si los estadounidenses no cuestionan la expansión de estos poderes federales sobre los individuos, corremos el riesgo de claudicar en el derecho de hacer nuestra vida diaria libres de la interferencia del gobierno, del abuso y del acoso".

Además de la situación que enfrentan quienes cruzan por estos puntos, activistas y autoridades han denunciado otros efectos de la instalación y operación de los retenes, que en la frontera con México suelen ubicarse en los únicos caminos transitables y además están rodeados por ranchos, detectores de movimiento y terrenos agrestes. En Arizona y Texas la franja suele tener puntos sensibles; en el segundo estado se han registrado casos en los que los agentes detienen ambulancias para revisar el estatus migratorio de los pacientes. En 2015 el diario *The New York Times* recabó el testimonio de una pediatra de Brownsville, quien aseguró que un niño había muerto en el camino hacia Corpus Christi; sus padres no iban con él porque eran indocumentados y temían cruzar por el retén. Los oficiales del condado de Brooks, donde se ubica el retén de Falfurrias, también en Texas, han reportado el hallazgo de los cuerpos de casi 500 personas desde 2009; los activistas de la zona piensan que son inmigrantes que han muerto por el calor y el cansancio al tratar de rodear el retén; en verano, las temperaturas en la zona llegan a superar los 40 grados centígrados.

–Te haces a la idea de que no puedes ir a otro lado, que algún día podrás. No te queda más que aguantarte –me dice Mónica durante nuestra conversación, cuando hablamos de la limitación para pasar por el retén–. He estado a punto de cruzar, y luego digo: "no, no puedo arriesgar lo que tengo". Cuando mi mamá estaba en el hospital, ella estaba en Tucson, que está pasando Tubac, y yo decía: "¿Cómo me voy?" Porque está canijo, no puedes. Me tenía que quedar aquí, iban mis hermanos. Pero te tienes que hacer a la idea; si no, te vuelves loca.

***

Una de mis primeras asignaciones como reportera del diario *La Opinión*, en Los Ángeles, consistió en hacer la crónica sobre una *Raza Graduation* en una universidad de San Diego, en el condado del mismo nombre que colinda con Tijuana. La *Raza Graduation* es una ceremonia que se realiza año con año en algunas instituciones de educación superior de Estados Unidos con elevada población latina, organizada por estudiantes principalmente de origen mexicano. En este evento, que se celebra independientemente de la ceremonia de graduación oficial en la universidad, los estudiantes son acompañados por miembros de su familia y en ocasiones por amigos cercanos. En un ambiente íntimo, marcado por rasgos culturales del país de origen, los estudiantes agradecen a sus padres y a otras personas por su apoyo y amor durante los años de universidad.

Esta ceremonia tiene un significado particular porque para muchos estudiantes latinos ir a la universidad es un reto. En Estados Unidos la educación universitaria es muy costosa y quienes no cuentan con el dinero necesario para pagarla echan mano de apoyos financieros que otorgan los gobiernos estatales y federal. Sin embargo, los jóvenes indocumentados carecen de un número de seguro social y no pueden acceder a estos apoyos. Si quieren estudiar una carrera universitaria, deben pagar cuotas aún más elevadas porque pagan como extranjeros; quienes a pesar de todo continúan estudiando, lo hacen gracias a un importante sacrificio personal y familiar: todos aportan para que el joven estudie. Es entonces que la *Raza Graduation* cobra su significado esencial: agradecer de manera particular el extraordinario esfuerzo que las familias han hecho para que el estudiante llegue hasta donde está, para que desde ese sitio trate de ayudar a quienes vienen detrás de él.

El día de mi primera *Raza Graduation* llegué al pequeño salón en el que una treintena de familias ya se encontraba reunida para celebrar con sus graduados. El ritual me pareció bellísimo: un profesor mencionaba el nombre del graduado y este, ataviado con toga y birrete, subía al estrado acompañado por sus padres, por algún hermano o por toda la familia. Ahí arriba, el graduado presentaba al público a sus acompañantes y dedicaba unas palabras de gratitud con las que mencionaba el dinero para pagar los libros y los frijolitos en un *tóper* tras la visita del fin de semana. En lugar de que el graduado recibiera un diploma, eran los padres, o la persona especial que había ayudado al joven en sus estudios, quienes recibían el reconocimiento y el aplauso de los presentes. Las familias bajaban del escenario conmovidas y orgullosas.

Tocó el turno de subir al estrado a un joven llamado Mario. Para mi sorpresa, a diferencia de los chicos que lo precedieron y que subieron con la mamá, el papá, los hermanitos y una abuela, Mario subió solo. Portando su toga y birrete, Mario explicó que esa noche estaba ahí para agradecer a las personas que lo habían llevado hasta ese lugar, pero que paradójicamente no pudieron estar con él. Mencionó que algunos de sus amigos, al saber esta situación, ofrecieron acompañarlo, pero que él prefirió subir solo para que supiéramos su historia.

Los padres de Mario eran indocumentados y vivían en Los Ángeles, dos horas al norte de San Diego. Para llegar de Los Ángeles a San Diego, y viceversa, es preciso cruzar por un retén, el de San Clemente, 117 kilómetros al norte de la frontera. Los padres de Mario podrían haber viajado a San Diego para estar ahí con él, recibiendo el reconocimiento de su hijo y el cariño de las otras familias, pero corrían el riesgo de que, al viajar de regreso, los agentes de inmigración los detuvieran. Celebrar podría terminar en una deportación.

Mario empezó a contar esta historia con un nudo en la garganta hasta que ya no pudo más: soltó un llanto liberador mientras relataba que de era niño odiaba a su padre por no estar nunca en casa, por tener dos empleos y no estar ahí para sus hijos, y cómo ahora entendía que gracias a ese esfuerzo y al de su madre y hermanas, él podía graduarse como ingeniero. También dijo que, aunque él había llegado ese día a su meta, al no contar con documentos para trabajar legalmente en Estados Unidos, seguramente no podría conseguir un empleo en el área en la cual obtuvo un título con tanto sacrificio. Mario finalizó su discurso, enjugó sus lágrimas y bajó del estrado.

***

Si algo caracteriza a los migrantes mexicanos, es la esperanza de que la generación que viene después de ellos tenga una vida mejor. Con los años que llevo haciendo cobertura de inmigración en Estados Unidos, me parece que esa es la constante para definir a los que vienen. Como dice Mónica, es una constante lucha, pero valdrá la pena porque los hijos vivirán mejor.

Las dos hijas mayores de Mónica son gemelas, tienen 21 años, y desde hace tres viven en la ciudad de Tucson, justo donde la autopista 19 se junta con la 10. Debido a la garita de los 46 kilómetros, Mónica no puede visitarlas. Las dos chicas trabajan tiempo completo y asisten a la universidad; Mónica les ayuda con algo de dinero, les paga el seguro de salud y les cocina mucho.

–Todo se lo congelo. Siempre que vienen les tengo su congelado para que no anden batallando, porque a veces no nos vemos, no coincidimos. Y les digo: estudien porque ustedes tienen la oportunidad. Yo estudié Administración de Empresas y me quedé en quinto semestre, no terminé. Les digo: "si no se quieren ver en mi reflejo, de las friegas que me meto...". Mira, estoy toda quemada —me enseña las manos, los antebrazos–; me quemé con los frijoles, estaban hirviendo y me brincó el aceite. Gano bien, gracias a Dios, mejor que algunos que tienen papeles y tienen estudios, ¿eh? El problema es que no puedo ahorrar, porque todo se me va en pagar la renta, la luz, otros servicios. Y yo sé que no debería hacer esto porque no tengo licencia para vender comida, pero yo me voy con licencia de mi Señor y le pido que no me pare la policía, que no me agarre salubridad. Le digo: "Tú sabes que tengo necesidades; cuídame, y lo demás me lo busco yo".

Debido a que sus hijas son ciudadanas estadounidenses y ya son mayores de 21 años, la edad que la ley establece para que un ciudadano pueda pedir la residencia legal para sus padres, la situación de Mónica podría cambiar en los años por venir, y eso le permitiría ir y venir libremente, tanto al interior del país, como fuera de él. Y quizá, llegado el momento, hasta asistir a la graduación de las chicas cuando terminen la carrera en Tucson.

Al acercarse el final de nuestra conversación, inevitablemente llegamos al tema de las semanas recientes, el que está en la boca de todos cuando se habla de inmigración: las políticas del gobierno de Donald Trump.

–No tiene temor de Dios, el viejo desgraciado –dice, y ríe con ganas–. Hay gente que hace tanto daño a otros, y puedes no tenerle miedo a nadie, pero témele a Dios, porque él sí nos manda lo que nos merecemos. Él podrá decir misa y muchas cosas, pero esto es un asunto de otras personas, de un gabinete y del Congreso, y si ellos no lo aprueban, no va a poder hacer muchas cosas; acuérdate de cuando estaba el otro, el Obama, que quería hacer la Reforma Migratoria y nunca lo dejaron –me dice, explicándome el equilibrio de poderes en el país–. Él no va a hacer lo que quiera solo porque quiere. La gente se asusta mucho; por eso yo muchas veces prefiero no oír las noticias. Yo me encargo de que mi comida me salga bien, que mis hijos estén bien, que yo vaya y venga bien, y estar bien con todo el mundo.

Además de su confianza en sí misma, Mónica me dice que confía en alguien más: el *sheriff* del condado de Santa Cruz, en el que ella ha vivido siempre. Su nombre es Tony Estrada.[6]

Igual que Mónica, Tony Estrada nació en Nogales, Sonora. Siendo un niño, su familia migró al otro Nogales, el de Arizona, donde Tony creció e inició su carrera en las fuerzas del orden como despachador en el Departamento de Policía de la ciudad, donde fue ascendiendo hasta retirarse como capitán en 1991. Dos años más tarde, fue electo *sheriff* de Santa Cruz, condado que abarca las ciudades de Nogales, Río Rico y Tubac, entre otras.

Durante 24 años, Estrada ha contado con el afecto y la confianza de la gente. En una zona caracterizada por el tráfico de drogas, el cruce irregular de personas y algunas denuncias de tráfico humano, Estrada ha buscado mantener el contacto directo con los residentes de la zona al estar consciente de sus necesidades, de la realidad que se vive en su comunidad. En marzo de 2017, Estrada incrementó su número de simpatizantes no solo en Arizona, sino en todo el país, a partir de sus declaraciones durante una entrevista con el diario *USA Today*, en las que manifestaba abiertamente su desagrado con respecto a la política de Donald Trump.

–Cuando él dijo que los mexicanos eran violadores, traficantes de drogas, insultó a mi gente. El muro es un símbolo, envía una mala señal, y además hace todo más peligroso, porque, cuando tú envías a la gente a estas cañadas y barrancos, están más vulnerables a los *coyotes*, a los traficantes –dijo Estrada al rotativo estadounidense, refiriéndose a los migrantes que cruzan sin documentos–. Es una manera cruel de controlar la inmigración ilegal. Mientras iba creciendo, viví en los dos lados de la frontera, de uno y de otro, porque la familia era una sola gran comunidad, y lo fue por mucho tiempo hasta que empezaron a construir la cerca, la barda, que puso una separación a esa relación que hemos tenido por décadas. Lo que ha venido de Washington es un miedo que hace que, incluso si eres un inmigrante legal, sientas que podrías ser cuestionado. La gente se pregunta: ¿qué va a pasarle a mi mamá, a mis hermanos?

En una carta fechada el 31 de enero de 2017, Estrada y otros 28 funcionarios públicos de la zona –los alcaldes de Brownsville y El Paso; jueces y congresistas que firmaron como "miembros de la vibrante comunidad fronteriza México-Estados Unidos"–, enviaron un mensaje a los miembros del Senado y de la Cámara Baja, pidiéndoles que se opusieran a "las peligrosas políticas" de Trump en relación con la frontera entre Estados Unidos y México, "nuestro vecino y socio comercial". La carta terminaba con una invitación: "Los instamos a visitar las comunidades de la frontera que serán impactadas por las tácticas del presidente Trump. Agradeceremos la oportunidad de que conozcan de primera mano nuestra realidad".

7. Oaxacalifornia

Odilia Romero, 46 años

San Bartolomé Zoogocho, Oaxaca/Los Ángeles, California

–Buenas tardes, senador Sanders. Mi nombre es Odilia Romero, soy una *bene xhon* indígena.

De pie sobre el escenario de la Casa del Mexicano, en el barrio de Boyle Heights, al este de Los Ángeles, Odilia sostenía con una mano el micrófono y con la otra su discurso para el entonces aspirante a la candidatura demócrata a la presidencia de Estados Unidos, Bernie Sanders. Era 4 de mayo de 2016 y bajo la cúpula que corona los 15 metros de altura del auditorio, se habían dado cita 400 personas, entre integrantes de organizaciones proinmigrantes, jóvenes activistas y miembros de la comunidad latina.

–Vengo de un lugar sagrado, donde ahora muy poca gente vive porque la mayoría de nosotros se encuentra aquí en Los Ángeles –continuó Odilia, vistiendo una falda blanca y una blusa típica de Zoogocho, su comunidad de origen, con flores bordadas en tonos alegres–. Las comunidades indígenas son ricas en cultura y recursos naturales; sin embargo, cada día somos obligados a migrar debido a las políticas agrícolas de Estados Unidos que afectan a nuestro país. Cuando intentamos defender los derechos humanos, somos amenazados de muerte por la policía mexicana. Pasamos de ser propietarios de nuestra tierra, a ser trabajadores que perciben malos salarios. Pero en Estados Unidos vivimos la misma condición: somos más del veinte por ciento de la fuerza agrícola en California, pero enfrentamos racismo estructural y explotación laboral.

Con una pierna apoyada sobre el piso y la otra recargada en la base del banco de madera sobre el cual se encontraba sentado, Bernie Sanders, camisa azul clara, ligeramente encorvado, el pelo desordenado de siempre, escuchaba con atención, mirando a su interlocutora con respeto y por momentos con franca sorpresa.

–Le pregunto: ¿qué harán usted y su equipo para construir una coalición amplia, incluyente, que reconozca la diversidad de nuestras comunidades y que cree políticas que reconozcan el derecho de los pueblos indígenas a permanecer en su hogar, a hacer de la migración una opción voluntaria en lugar de una necesidad forzada? –cuestionó Odilia–. ¿Se asegurará usted de que haya una renegociación del Tratado de Libre Comercio, de manera que deje de provocar pobreza y desplazamiento en nuestras comunidades? Gracias y bienvenido a Oaxacalifornia.

***

Odilia es una *bene xhon*, término que significa "pueblo zapoteca". Nació en Zoogocho, en la sierra norte de Oaxaca –"donde caminamos entre nubes"–, en 1971, justo al inicio de la década que trajo la devaluación del dólar y el inicio del declive del campo mexicano. Odilia recuerda con claridad la primera oleada de migración de la gente de su pueblo: un camión de redilas llegaba cada semana, el día que se ponía el mercado, y junto con los vendedores se llevaba a los que se iban para buscar una oportunidad. "Un camión repleto de canastas vacías, de hombres y mujeres vacíos también, que con la ilusión de llenar sus bolsillos van dejando sus pueblos, su idioma, sus tradiciones y sus corazones para irse 'al otro lado del cerro' unos años", escribió una vez Odilia al recordar esos años.

Llegó el día en que a ella también le tocó subirse al camión, y en septiembre de 1981 llegó a Los Ángeles, donde ya la esperaba su familia. No recuerda el día exacto, pero si "los edificios feos que me tuve que encontrar aquí en la calle Sexta y la Union", su primera impresión de la ciudad. Tenía 10 años de edad y en su mente se quedó grabado el impacto que le provocó el cambio de paisaje: del río bordeado de árboles junto al cual vivía, a un cuarto del que no salía, en una zona donde no se le permitía ir a jugar afuera.

–Fue lo más horrible que me han hecho en toda mi vida. Creo que padecí depresión, solo que no lo sabía.

Como suele ocurrir cuando los niños llegan a Estados Unidos, Odilia aprendió inglés bastante rápido, tanto que a los 14 años fungió como intérprete para uno de sus paisanos de Oaxaca en la presentación de un examen estatal para certificarse como peluquero: el hombre no dominaba el inglés y, sabiendo que con Odilia podría comunicarse en zapoteco y algo de español, fue a preguntar a sus padres si ella podría ayudarlo. Cuando obtuvo su certificación, el paisano ofreció pagarle, pero los padres de Odilia no aceptaron. En ese entonces Odilia no imaginaba que ser intérprete pudiera ser una carrera profesional, pero hoy recuerda esa anécdota como su primer "trabajo" como intérprete.

Como se acostumbra aún ahora en muchas comunidades indígenas, Odilia contrajo matrimonio muy joven, a los 15 años de edad, y a los 16 años nació Janet, su primera hija. Durante cinco años vivió la vida tradicional de muchas mujeres en su comunidad, permaneciendo en su casa y atendiendo a su familia; pero la joven Odilia tenía ganas y energía para mucho más. Cinco años más tarde se separó y empezó a hacer una vida por su cuenta, con su hija.

–Hubo un tiempo en que Zoogocho me miraba feo porque había dejado a mi esposo y porque no iba a las fiestas; entonces, me puse a hacer otras cosas –cuenta con respecto al rechazo social de la comunidad hacia las mujeres que rompe con los roles tradicionales, aun viviendo en Estados Unidos–. Mis papás no dominaban bien el español en ese entonces, ni yo tampoco, ni mucha gente. Sabía que había necesidades pero nunca lo pensé como una carrera. Teníamos un restaurante y ahí venía un muchacho a comer que me presentó a Gaspar Rivera-Salga do, uno de los fundadores del Frente.

Odilia se refiere al Frente Indígena de Organizaciones Binacionales, conocido como FIOB, que se define como "una coalición de organizaciones, comunidades e individuos indígenas asentados tanto en Oaxaca y en Baja California, México, como en California, Estados Unidos", y que busca "contribuir al desarrollo y autodeterminación de los pueblos indígenas migrantes y no migrantes, así como luchar por la defensa de los derechos humanos con justicia y equidad de género a nivel binacional". Cuando supo sobre el trabajo que realizaban, Odilia se incorporó a la asociación no lucrativa vinculada a FIOB, el Centro Binacional para el Desarrollo Indígena Oaxaqueño (CBDIO), en donde obtuvo un empleo. Ahí se dio cuenta de que la necesidad de los migrantes provenientes de otras comunidades indígenas, como los mixtecos o los triquis, era mayor que la de ella y sus paisanos de Zoogocho, que contaban con una red establecida en Los Ángeles y que tenían relaciones solidarias.

Como es sabido, México es un país multicultural, multilingüe, en el que siete millones de personas hablan idiomas indígenas, de las cuales más de un millón solo hablan uno de los 72 idiomas indígenas; es decir, no hablan español. Sin embargo, esta población se encuentra concentrada en mayor densidad en algunos estados. Oaxaca, que junto con Chiapas y Guerrero pertenece a la triada de estados más pobres de México, es también el estado con mayor población indígena, un poco más de un millón y medio de personas. Con presencia de por lo menos 16 grupos etnolingüísticos, cuatro de cada 10 habitantes de la entidad habla alguna lengua indígena, y 14 por ciento de la población no habla español. Esta cifra aumenta en las mujeres: de cada 10 personas que solamente hablan en lengua indígena, seis son mujeres.[1] En las últimas décadas, es desde estos grupos que se ha registrado migración hacia Estados Unidos: se estima que hoy en día, unos 500 mil indígenas oaxaqueños viven en Estados Unidos; siete de cada 10 viven en California.[2]

Además de la falta de documentos, para los migrantes indígenas que no hablan español ni inglés, el reto es encontrar intérpretes para realizar trámites ante la autoridad, cuando firman contratos, o cuando necesitan acceder a servicios médicos o legales, en situaciones que en ocasiones son de vida o muerte. Estados como California suelen proporcionar un intérprete a quienes no hablan inglés, pero, en el caso de los mexicanos, la ayuda se proporciona en español. Fue a partir del trabajo que empezó a realizar FIOB junto con otros proyectos de lenguas indígenas que las autoridades reconocieron la necesidad de interpretación de estos idiomas.

–El Frente lleva 25 años haciendo esto –recuerda Odilia–. La primera formación de intérpretes fue para la gente de la comunidad de San Juan Bautista, que no contaba con apoyo de este tipo. Luego se hizo una segunda con los mayas, y más tarde los idiomas que se necesitaban eran mixteco, zapoteco y quiché. Más o menos cumplimos esa demanda, pero desde hace mucho tiempo hay otros idiomas para los que se necesita interpretar y no nos damos abasto.

Los principales sitios donde esta necesidad es apremiante son dos: hospitales y tribunales. Odilia ha trabajado en ambos haciendo interpretaciones tanto de inglés a español, como de inglés a zapoteco, que es el idioma de muchos de sus paisanos que han venido a vivir al sur de California. El asunto, sin embargo, se ha complicado en la medida en que la migración ha diversificado tanto sus lugares de origen, como sus puntos de destino: en los estados donde la migración de este tipo es incipiente, es prácticamente imposible encontrar un apoyo para la interpretación.

Odilia cuenta que lo peor no es eso, sino que en ocasiones hay agencias que ofrecen sus servicios a las autoridades y agencias de gobierno sin realmente dominar todos los idiomas que ofrecen o sus variantes. Esto, además de ser una estafa difícil de comprobar –si nadie ahí habla el idioma, ¿cómo se puede comprobar que la interpretación fue inexacta o de plano errónea?–, representa un peligro para la comunidad.

–Si no sabes dar la descripción de un tipo de cáncer, por ejemplo; si no puedes explicar lo que dice una receta médica; si no conoces el vocabulario adecuado en una corte de inmigración; si no estás preparado emocional, psicológicamente, para dar la noticia de que un bebé se va a morir, ¿cómo lo haces? Estás provocando un desastre.

Se cuentan por decenas los casos que han terminado en desastre. Uno de los más conocidos es el de Cirila Baltazar Cruz, una mujer oaxaqueña de la comunidad indígena chatina que vivía en el estado de Mississippi, donde trabajaba en un restaurante chino y compartía habitación con otros migrantes. Estando embarazada, una noche de noviembre de 2008 sintió que había llegado la hora del parto y sin hablar inglés, con apenas unas palabras en español, detuvo a una patrulla que la llevó al hospital, donde dio a luz a Rubí Juana Baltazar Cruz.

Mientras se recuperaba del parto, Cirila recibió la visita de una intérprete puertorriqueña que le hizo varias preguntas sobre su situación socioeconómica. Más adelante Cirila diría que no pudo responderle a la mujer porque "la señora hablaba muy rápido y yo no entendía". La intérprete determinó que Cirila no era apta para ser madre, por lo que el departamento de Servicios Sociales tomó a la niña bajo su custodia; Cirila salió del hospital sin su hija, y días más tarde la niña fue entregada para su cuidado temporal a una pareja que estaba interesada en adoptar un bebé.[3]

El caso fue llevado a la corte, donde la traductora justificó su veredicto de negligencia infantil por parte de Cirila afirmando que la paciente a cambio de habitación ofrecía sexo, que su esposo la abandonó, que ella quería dar a su hija en adopción e irse de regreso a México, que la paciente era una inmigrante indocumentada y que ya había "abandonado" a dos hijos en México. Para Cirila comenzó un proceso tortuoso de audiencias en las que no contaba con un intérprete de la lengua chatina, la única que ella manejaba. Gracias a que una organización civil en Mississippi contactó a FIOB en California, se pudo encontrar un intérprete para Cirila, a través del cual pudo explicar que ella nunca dijo que quería dar en adopción a su niña y que jamás había abandonado a sus hijos en México, sino que los había dejado a cuidado de su madre para ir a trabajar a Estados Unidos y darles una mejor vida, como tantos migrantes lo hacen. La corte local ordenó la cancelación de los derechos de maternidad de Cirila, incluidas las visitas. Tuvo que pasar un año y una batalla en la corte encabezada por otra organización que le dio apoyo legal, para que Cirila recuperara a su hija.

En el estado de California abundan casos de mujeres y hombres que han sido condenados y encarcelados por la falta de entendimiento, así como por la ausencia de una comunicación efectiva y fluida entre las partes y las instancias de impartición de justicia.[4] Fue por ello que FIOB creó en 1996 el Proyecto de Intérpretes Indígenas, con el objetivo de capacitar a migrantes indígenas en las técnicas de interpretación, términos legales y ética profesional. En 2006, 12 mujeres indígenas que hablaban las lenguas mixteca, zapoteca, triqui y chatina, aparte de español y en algunos casos inglés, recibieron capacitación para ser intérpretes, con un énfasis en el área de salud, con el fin de desempeñarse en clínicas y hospitales. Odilia fue una de ellas.

***

Es viernes y en la ciudad de Los Ángeles empieza a sentirse el calorcito que anuncia el verano. Odilia, a quien conozco desde hace varios años debido a mi cobertura del tema migratorio en el sur de California, me cita en una cafetería a media cuadra del Children's Hospital, el sitio en el que está trabajando como intérprete. En este hospital, las historias son de dolor y esperanza. Fundado en 1901 sin fines de lucro, actualmente está considerado como el mejor hospital infantil de California y uno de los 10 mejores de Estados Unidos.[5] Los pequeños que llegan ahí y sus familias suelen recibir noticias desalentadoras que implican trasplantes o tratamientos contra enfermedades como el cáncer y la leucemia, pero también recursos para enfrentarlas. Y para quienes no dominan el inglés, uno de estos recursos es el apoyo de un intérprete.

El hospital cuenta con una planta permanente de intérpretes del español al inglés, y además contrata *freelancers* como Odilia cuando se requiere gente adicional para traducir en estos idiomas o cuando hay necesidad de hacer una traducción del tipo de zapoteco que ella habla –hay diversas variantes de esta lengua–. Pero de los *freelancers*, ella es la única que habla una lengua indígena, así que con frecuencia recibe solicitudes para que a través de su red ayude a encontrar a otros intérpretes. Ha encontrado en ese sitio a familias oaxaqueñas, guatemaltecas, que hablan en variantes del zapoteco que ella no domina y en chinanteco, mije, mam, canjobal y chibche. Si el paciente solo se puede comunicar en una de esas seis lenguas, no contará con un intérprete, porque no hay.

En el caso de los tribunales, en los meses recientes se ha incrementado el número de personas indígenas de Guatemala, zapotecas de la sierra sur que, dice Odilia, empezaron a migrar debido a las concesiones mineras en sus regiones de origen. Otro grupo que ha crecido es el triqui, debido a los conflictos políticos en su zona. En el caso de los rarámuris, el problema es que al estar ubicados en el norte del país, cerca de la frontera con Estados Unidos, los grupos de narcotraficantes los usan como "mulas": pasan cargas con droga y, cuando los detienen, deben purgar condenas sin siquiera entender lo que se dijo durante su juicio por no tener intérprete.

–Las comunidades indígenas se encuentran con el racismo estructural del sistema jurídico, médico, educativo de Estados Unidos, y a eso se suma la barrera de los intérpretes, pero además con las cuestiones culturales, porque en nuestras comunidades el sistema de justicia no es punitivo –explica Odilia–. El otro día estábamos en un taller de la formación de nuevos intérpretes, y la profesora decía: "¿Cómo dirían *juez*?". Y había quiches, zapotecos, mixtecos, y pensábamos que tendría que ser algo como "el señor grande" o "el principal" o "el anciano", porque es el que tiene autoridad; la figura del juez no existe en nuestras comunidades. ¿Y cómo diríamos juzgado? Pues "la casa del señor grande". ¿Cómo diríamos cárcel? Casa de fierro o casa de metal. ¿Y como dirías "el tribunal de menores"? Pues la casa a donde van los niños que no caminaron recto, porque no vas a decir que hicieron mal o que hicieron bien. En nuestra cosmovisión, cuando el niño no camina derecho hay tiempo para enderezarlo; no es como el sistema punitivo de Estados Unidos, que porque te robaste una pizza vas a terminar en la cárcel.

Además de las diferencias con los usos y costumbres en las comunidades indígenas, el sistema jurídico de Estados Unidos también tiene marcadas diferencias con respecto al mexicano. Actualmente el equipo con el que trabaja Odilia está desarrollando un glosario que pueda servir a otras personas a pensar de la forma en que se construyen las ideas en los idiomas indígenas, porque tanto en el ámbito legal como en el médico hay términos complejos y delicados que se vuelven un reto al momento de interpretar.

–En los hospitales hay enfermedades como la atrofia muscular. ¿Eso qué es? A veces ni en español sabes qué es. Los casos que llegan a Children's Hospital son delicados –Odilia me recuerda que por la cláusula de confidencialidad no me puede dar detalles sobre los casos–, y te das cuenta de que hay gente que no entiende, que no supo ni qué se le diagnosticó. Lo peor que me ha pasado ahí es ver que el hijo de alguien murió y nunca tuvo un interprete, nunca supo por qué se murió. Que nunca supo por qué un equipo de reanimación de 20 doctores entró para tratar de revivirlo, que nadie te pueda explicar qué están haciendo con tu hijo.

El tema de la interpretación para padres que no hablan inglés es uno que desde hace años se aborda no solo en hospitales y tribunales, sino en escuelas y oficinas de gobierno. Ocurre con frecuencia que los niños, que crecen en un entorno angloparlante, pero que en casa hablan español, suelen ser intérpretes de sus padres: les ayudan a llenar las formas oficiales para hacer trámites, les traducen instrucciones para operar aparatos y en ocasiones suelen ser intérpretes de sus propios casos en escuelas y hospitales, lo cual, desde luego, genera enormes problemas.

Cuando llegamos a este tema, Odilia recuerda una anécdota de su infancia: cuando estaba en la secundaria, un niño la molestaba y ella respondió pegándole con una engrapadora y haciéndole una herida; en la escuela la suspendieron por una semana y mandaron llamar a sus padres. Pero sus padres no hablaban inglés y la directora no hablaba español ni zapoteco: Odilia hizo la traducción y dijo a sus padres que por buen desempeño le habían dado una semana de vacaciones.

–Esas cosas siguen pasando hoy. Lo veo en el hospital, lo veo en los tribunales, lo veo en la escuela: el niño es el intérprete y desde luego no es la mejor persona a la que puedes pedirle que te interprete, ¡menos en la escuela! –dice haciendo un guiño a su propia anécdota–. Imagínate lo que pasa con los médicos: no puedes decirle: "Dile a tu mamá que tiene cáncer y se va a morir en seis meses", pero se está haciendo a nivel nacional, en español y más en lenguas indígenas, porque no hay otra alternativa.

Paradójicamente, el acceso que estos niños y jóvenes tienen al bilingüismo, y en ocasiones al trilingüismo, como es el caso de Odilia, y el nivel de responsabilidad que toman desde pequeños hace que sus oportunidades de desarrollo académico y profesional se incrementen de manera notable con respecto a la generación previa. Durante su discurso ante Bernie Sanders, Odilia hizo énfasis en este hecho.

–Nos hemos integrado a la cultura estadounidense. Ahora votamos. Tenemos graduados de Berkeley, Harvard, Stanford y UCLA, no solo con licenciaturas, sino con maestrías y doctorados. Contribuimos económica y culturalmente al tejido social de Estados Unidos. Estamos orgullosos de llamarnos americanos, porque somos parte del continente americano, pero también estamos orgullosos de ser parte de este gran país. También tenemos el derecho a ser tratados con igualdad.

Una característica interesante de estas generaciones de oaxaqueños que se han incorporado de manera exitosa a espacios de excelencia en el sistema estadounidense –incluida Janet, la hija que Odilia tuvo a los 15 años y que es graduada de Berkeley– es que conservan un gran orgullo por sus raíces y su origen. Esto constituye una clara diferencia con respecto a la generación anterior. Abundan las anécdotas de personas mayores de 40 años, que recuerdan su infancia como migrantes latinos como una época en la que no estaban bien vistas las marcas culturales de sus comunidades; había que tratar de hablar en inglés, comer lo que otros comían, vestir lo que otros vestían. Muchos padres incluso llegaron a prohibir a sus hijos hablar en español para evitar que fueran vistos diferente.

–Hoy los niños llevan su *lunch* a la escuela y pueden llevar una torta o nopales, y se ve como algo normal; en los ochenta nadie se habría atrevido; yo al menos no. No me imagino comiendo frijoles en medio de toda esa gente que me veía raro porque no sabía español ni inglés. La gente se burlaba de mí, me decía: "Eres india", y yo decía: "Ajá", porque no entendía nada. Nunca me habría imaginado que pudiéramos llegar al punto en el que los niños pueden ir a la escuela con su quesadilla o sus lentejas.

Odilia asegura que el orgullo por el origen ayuda a los niños a lidiar con los problemas de identidad que enfrentan muchas familias migrantes. Hoy tiene otro hijo, Bianí, de siete años, y una nieta, Amelie, de ocho. Hace unas semanas le pidieron que se sentara con ellos y Amelie le dijo: "*Grandma, you're gonna teach us* zapoteco; *we cannot let it die*". Bianí agregó: "*I want to learn too, because we're from Zoogocho*". ¿Cómo decir que no? Odilia puso manos a la obra y ahora en su página de Facebook circulan videos titulados: "*How do you say* (nombre de un animal) *in* zapoteco?", ilustrados y explicados por Bianí y Amelie.

***

Aunque en muchas ocasiones el acceso a un intérprete en lengua indígena se complica por la falta de personas que puedan desempeñar esta actividad, esto también está íntimamente ligado a la forma en que se construyen las políticas públicas desde el gobierno federal, los gobiernos estatales y municipales, así como los presupuestos que se aprueban para que dichas políticas se apliquen. En la mayoría de los casos, uno de los criterios para la distribución de recursos para ciertos programas o servicios –escuelas, hospitales, tiendas, estaciones de policía– es la información que arroja el Censo.

Los dirigentes de FIOB y CBDIO tienen esto claro, de manera que en el año 2010, cuando se realizó el último Censo poblacional en Estados Unidos, decidieron impulsar una campaña para exhortar a sus comunidades a participar en este ejercicio, especificando su origen indígena. Con ello, lo que pretendían era tener una cifra más aproximada de los residentes indígenas en Estados Unidos, para a partir de ahí buscar una mejor representación. La campaña consistió en la difusión de información por medio de volantes y materiales educativos, distribuidos en talleres y foros públicos, además de en brindar asistencia para llenar el cuestionario en lengua mixteca, zapoteca y triqui, en caso de ser necesario para quienes no podían responder en español –la oficina del Censo facilita un cuestionario en este idioma y en 60 más–.

En algunos condados de California, como Fresno, en donde se ubica gran parte de la comunidad migrante indígena que trabaja en los campos, la oficina del Censo envió especialistas en alianzas para que visitaran los campos, con el fin de establecer los vínculos de confianza e invitarlos a llenar el cuestionario sin importar su estatus migratorio. Y desde luego, una de las alianzas estratégicas fue con la gente de FIOB, CBDIO y su programa de intérpretes, que se sumó a través de la campaña que ellos lanzaron de forma independiente.

Como siempre, el principal reto fue encontrar una palabra adecuada, porque *census* se traduce al español como *censo*, pero no existe en idiomas indígenas. Se optó por usar *kavi* en mixteco y *walab* en zapoteco; ambas significan "contar" o "recontar". En su campaña, FIOB hizo énfasis en la importancia de responder a las preguntas 8 y 9 del formulario del Censo: la primera, sobre el país de origen –mexicano–, y la segunda, sobre la pertenencia a un grupo étnico nativo americano –mixteco, triqui, zapoteco, purépecha–.

–Nos han ignorado por años en los censos, en las instituciones; cometen un genocidio estadístico con las comunidades indígenas tanto aquí como en México –me dijo en aquel entonces Odilia–.[6] El dinero federal en ocasiones no nos llega porque no tenemos los documentos para tener esos recursos de los que ellos hablan. Ahora nuestro mayor reto es con quienes no saben leer o escribir. Va a ser imposible que podamos contar a toda la gente indígena, porque dependemos completamente de los voluntarios, pero vamos a hacerlo lo mejor que podamos. Es un gran desafío el que tenemos enfrente.

Charlando en la cafetería durante una pausa en su trabajo, Odilia y yo recordamos cómo durante todos estos años su organización ha trabajado para establecer vínculos con las autoridades estadounidenses; el caso del Censo es un buen ejemplo, pero hay decenas más. FIOB ha tendido puentes y creado alianzas con departamentos de policía como el de Los Ángeles, con el que trabajan en un programa de sensibilización cultural para los agentes que operan donde hay elevados índices de comunidad latina y/o indígena, o con autoridades de pequeñas ciudades como Greenfield, en el valle central de California, donde la comunidad triqui se ha asentado desde hace más de 10 años.

En estas décadas, la organización también ha tratado de trabajar con las autoridades en México, aunque la respuesta no siempre es la mejor. En el caso del Consulado de México en Los Ángeles, FIOB recibe llamadas para proveerles intérpretes o para canalizarlos a los tribunales.

Odilia se indigna cuando llegamos a ese tema. Le parece increíble que pasen los años y que un congresista mexicano o un gobernador no pueda tender los puentes para apoyar a su comunidad, a quienes mandan las remesas que mantienen la economía de los estados andando. Y le indigna doblemente que, tras la llegada de Trump, esos mismos políticos hagan declaraciones "salvadoras", diciendo que es tiempo de proteger a los migrantes.

–Dime tú, ¿cómo es que yo puedo sentar a Charlie Beck –el jefe de la Policía de Los Ángeles– en un taller sobre comunidades indígenas, y un político mexicano, senadores, diputados vienen a decir que van a tratar de entablar diálogo a nombre de nosotros, como si nosotros fuéramos tontos o estuviéramos indefensos? Nosotros tenemos diálogo con [Eric] Garcetti –el alcalde de Los Ángeles–, con los concejales, y hemos recibido mucha más ayuda de ellos que de esta gente que viene a promocionar una ayuda inexistente, que no sirve para nada. Me molesta que estos políticos vengan a lavarse las manos con Trump. Claro que no estamos a favor de él, pero no lo culpes de tus males: tú aprobaste políticas que causaron la migración de los pueblos indígenas, así que eres más culpable que él. Nosotros nos hemos defendido solos; mi pueblo lleva aquí 30 años y nunca hemos pedido nada; nos hemos autofinanciado aquí y hemos mandado remesas para mejorar nuestros pueblos. Lo hemos hecho nosotros, no los gobiernos.

Por esta razón, Odilia considera que, a pesar de la dureza de las políticas que pretende impulsar Donald Trump desde la presidencia, la situación para los migrantes indígenas en realidad no cambiará gran cosa: las políticas de exclusión, la discriminación, el acoso están ahí desde siempre.

–Para los pueblos indígenas no importa quién esté en el gobierno, seguimos siendo indígenas. El mexicano no va a cambiar porque está Trump en la presidencia; para ellos seguimos siendo *el indígena*. Aquí en Estados Unidos, los propios mexicanos te discriminan porque te ven usando un huipil; el racismo está muy internalizado. Yo sin pena les he dicho: ahora ustedes están sintiendo estos comentarios racistas en contra del mexicano, pero nosotros lo recibimos todos los días por parte de ustedes. Esta es una probada de su propio chocolate.

8. Santuario

Jeanette Vizguerra, 45 años

Ciudad de México/Denver, Colorado

Durante su quinto día como presidente de Estados Unidos, Donald Trump firmó una orden ejecutiva para reforzar la aplicación de las leyes de inmigración y sancionar económicamente a los gobiernos locales que no realizaran las tareas de detención que competen al gobierno federal. Con ello buscaba golpear a las llamadas "ciudades santuario". Aunque la orden fue congelada por un juez cuatro meses después, Trump logró que la palabra *santuario* se sumara a los temas polémicos de un gobierno que solo llevaba cinco días en el poder.

El Movimiento Santuario ha existido en Estados Unidos por más de tres décadas. Durante la guerra civil en Centroamérica en los años ochenta, miles de salvadoreños y guatemaltecos llegaron a Estados Unidos buscando salvar la vida, sin conseguir estatus de refugio y asilo por parte del gobierno. Se creó entonces un movimiento interreligioso de apoyo, y algunas iglesias abrieron sus puertas para alojar de manera indefinida a quienes enfrentaban un proceso de deportación, bajo el concepto de "santuario": quienes estuvieran al interior de los templos contarían con la protección de su comunidad.

Dos décadas más tarde, a partir de las movilizaciones de 2006 contra las leyes antiinmigrantes, el movimiento resurgió. Uno de los casos más recientes es el de Jeanette Vizcarra, inmigrante indocumentada que en febrero de 2017 ingresó a un templo en la ciudad de Denver para evitar su deportación. El 20 abril, cuando llevaba 64 noches en santuario, Jeanette recibió una llamada: la conocida revista *Time* la había nombrado una de las 100 personas más influyentes del mundo.

En esa lista también se encontraba Donald Trump.

***

Jeanette Vizguerra ha vivido en Estados Unidos durante veinte años. Ella y su familia salieron de la ciudad de México en 1997 por razones de seguridad: su esposo era chofer de transporte público y vivió un secuestro exprés, y luego otro. Tuvo suerte, les dijeron los compañeros de su esposo, porque a otro de ellos le ocurrió lo mismo y lo mataron. Cuando llegó un tercer secuestro y lo sobrevivió, decidieron que se iban a Estados Unidos. Era septiembre y a Jeanette le faltaba un semestre para terminar la carrera de psicología.

Primero viajó él, y a los tres meses Jeanette y su hija, entonces de siete años. Hicieron un primer intento de cruzar a Estados Unidos por la zona de Las Cruces, Nuevo México; ahí detuvieron a Jeanette, quien ese mismo día estaba de vuelta en su país; su hija logró seguir el camino con los amigos de la familia que la llevaban. Luego, 15 días después hizo el segundo intento y esta vez lo logró. Justo en el día de Navidad, la familia estaba reunida y lista para asentarse en Denver, Colorado.

–Comenzamos a trabajar. Mi esposo ya tenía trabajo como gerente en una compañía de mudanzas; cuando nosotras llegamos, yo empecé a trabajar también, como todo el mundo cuando llega aquí; es la única manera: trabajando los dos, en lo que sea.

Conversé con Jeanette por teléfono a finales de mayo de 2017, 12 días después de que volvió a su casa tras haber permanecido 86 días en santuario. Tan pronto salió, Jeanette re-gresó a su actividad normal, que incluye el trabajo de difusión en campañas de defensa de personas que han sido arrestadas por los agentes de inmigración y tienen argumentos para evitar su deportación por no haber cometido faltas graves a la ley, por los años que llevan viviendo en el país o por tener hijos pequeños que sufrirían separación familiar. Pero, antes de involucrarse en ese tema, Jeanette ya tenía varios años de activismo; casi los mismos que ha vivido en Estados Unidos.

Su primer empleo fue en una compañía de limpieza, una industria en la que muchos inmigrantes recién llegados encuentran lugar. Al poco tiempo, Jeanette se dio cuenta de las injusticias que se cometen, especialmente en contra de los trabajadores que no cuentan con un estatus migratorio regular o con un permiso de trabajo, así que se puso a revisar los contratos y a informar y defender a la gente cuando identificaba casos de robo de salario o despidos injustificados.

Siete meses más tarde ya estaba trabajando en una representación local de SEIU, una de las centrales sindicales más grandes de Estados Unidos. Durante los cinco años que permaneció ahí, Jeanette se especializó en la defensa de derechos civiles y laborales, construyó relaciones por todo el país y estableció alianzas con otras organizaciones de justicia social y proinmigrantes. Cuando dejó el sindicato, empezó a trabajar con la organización de derechos por los inmigrantes Rights for All People, con la que colaboró por 13 años. En ese tiempo su esposo y ella montaron una compañía de limpieza, compraron una casa, tuvieron otros tres hijos, pero continuaban sin alternativas para resolver su estatus migratorio.

El 20 de enero de 2009, mientras Barack Obama tomaba posesión como el primer presidente afroamericano de Estados Unidos, Jeanette fue detenida por una infracción de tránsito y le fue encontrado un número de Seguro Social falso, por lo que fue llevada a un centro de detención de inmigrantes. Durante 34 días pudo experimentar de primera mano las historias que a veces se contaban desde el interior de estos centros –aunque en aquella época, me aclara, nadie hablaba realmente de eso en los medios de comunicación–. El sitio en el que estuvo en Colorado era administrado por GEO, una de las dos grandes empresas privadas que a través de concesiones operan estos centros y que reciben ganancias del presupuesto del gobierno por cada día que un inmigrante pasa detenido en sus instalaciones.

–Ahí pude ver lo que pasaba: las injusticias, los malos tratos, la falta de atención médica, el negocio que se hace con el sufrimiento de personas como yo. Pensé que tenía que hacer algo, y fue cuando decidí que iba a pelear mi caso y que además lo iba a hacer público. Empecé a hablar de las injusticias en el centro de detención, en todo lo que tiene que pasar uno ahí, en las leyes injustas que hacen que uno entre al sistema –Jeanette usa la palabra "sistema" para referirse a los centros de detención de inmigrantes– y que te cambian la vida drásticamente.

Como parte de su acuerdo con la fiscalía para quedar en libertad provisional, Jeanette se declaró culpable del uso de documentos falsos. Como consecuencia de esto, en 2011 le fue girada una orden de deportación. Inició entonces un proceso de apelación que duraría varios años y también una cruzada personal para compartir su historia con otros.

–Yo fui la primera persona en hacer público mi caso en Colorado; los medios en inglés nunca hablaban de estos casos, pero yo salí a hablar en foros, en iglesias, en las escuelas. Empecé a tratar de concientizar a la gente, y la gente lo recibió con simpatía: entendieron que esto era algo que tenían que pelear, que podíamos exigir que desaparecieran leyes como la 287g [conocida como "Comunidades Seguras", el acuerdo que se firma entre autoridades locales y federales para que las primeras participen en tareas de inmigración propuesta que las ciudades santuario se niegan a aceptar], porque eran leyes restrictivas e innecesarias; nosotros ya teníamos comunidades seguras.

Gracias a la gestión de su abogado, Jeanette permaneció en libertad durante este proceso, a cambio de presentarse ante las autoridades de inmigración cada determinado tiempo –tres meses, seis meses, hasta un año– para hacer un *check in*. En cada ocasión, la suspensión de la deportación sería extendida por el periodo comprendido hasta su siguiente cita.

Jeanette cumplió puntualmente con todas las citas, pero en 2013 llegaron noticias de la Ciudad de México: su madre, enferma de cáncer, estaba desahuciada. Ante Jeanette se presentó la disyuntiva que tarde o temprano todos los migrantes indocumentados en Estados Unidos enfrentan: un padre, una madre, un hermano enfermo o moribundo los necesita. ¿Qué hacer? ¿Viajar para estar al lado del ser querido aunque la posibilidad de retorno sea incierta –buscar un *coyote* otra vez; arriesgar la vida otra vez; exponerse a ser detenido otra vez–, dejando a la propia familia en Estados Unidos, sin la certeza de que se le volverá a ver?

Jeanette tomó la decisión: iría a ver a su madre a México y volvería a Estados Unidos con sus hijos como pudiera. La decisión llegó tarde: la madre de Jeanette murió antes de que ella llegara y solo pudo alcanzarla en el velorio y en el entierro. El viaje, además, trajo una consecuencia adicional: por haber abandonado el país en medio de su proceso de apelación, este se cancelaba; es una norma de las autoridades de inmigración que quienes están sometidos a un proceso de este tipo permanezcan en territorio estadounidense, en un lugar donde puedan ser localizados, todo el tiempo –ese es parte del objetivo de los *check in*. Si Jeanette hubiera logrado ingresar a través de la frontera sin ser detenida, tal vez las autoridades no se habrían enterado de su salida, pero las cosas no salieron como estaban planeadas: en su intento de regresar, Jeanette fue arrestada en El Paso, Texas, y transferida a un centro de detención en Denver.

La batalla para permanecer en el país volvió a empezar. Utilizando varios de los recursos que conocía bien debido a su trabajo como activista y con el apoyo de su abogado, Jeanette solicitó a sus representantes en el Congreso la introducción de lo que en inglés se conoce como *private bill*: una iniciativa de ley presentada por un congresista que busca ajustar la situación de un sujeto o sujetos en particular, generalmente haciendo excepciones a una norma general. Algunas de las iniciativas privadas de ley buscan la suspensión de órdenes de deportación en los casos que cuentan con elementos humanitarios para su consideración. La estrategia funcionó y Jeanette recibió una suspensión de su orden de deportación por cinco meses. Desde entonces recibió cuatro extensiones basadas en la salud física de Jeanette y la estabilidad emocional de sus hijos. Fue cuando le negaron la quinta extensión que decidió entrar en santuario.

A la mitad de nuestra conversación, Jeanette está un poco más relajada. Me cuenta cómo, tras su segunda detención en la frontera en 2013, decidió fundar el Movimiento Santuario en Denver.

–Como mi caso no estaba en la corte, me di cuenta de que tenía que hacer algo. Pensé que, si había santuario en otros estados, podíamos hacerlo también aquí. Hablé con mi pastora y le pedí que me pusiera en contacto con los pastores o reverendos más progresistas. Le expliqué las circunstancias, le pareció buena idea y me dediqué a buscar gente, iglesias. Pasé nueve meses yendo cada fin de semana con mis hijos a hablar con gente conservadora en las iglesias para quitarles los prejuicios y tabúes. Les expliqué las implicaciones de establecer un santuario, que no es ir a pararte en una iglesia y decir "déjenme entrar". Hay necesidades económicas, hay que preparar muchas cosas.

Por nueve meses Jeanette trabajó en la creación de una red de soporte y en la construcción del espacio físico en el sótano de su iglesia, la First Unitarian Church de Denver –cuya congregación de 400 personas aprobó de manera unánime el proyecto–, mientras veía lo que pasaba, cómo cambiaba el clima político en el país tras la toma de posesión de Donald Trump.

El 8 de febrero de 2017 Guadalupe García de Rayos, una mujer mexicana que había vivido en Arizona por más de 20 años, se convirtió en la primera persona deportada de la administración Trump. El caso de Guadalupe era muy similar al de Jeanette: Guadalupe tenía que ir cada determinado tiempo a hacer *check in* con las autoridades de inmigración; ese día, cuando llegó, ya la estaban esperando los agentes para arrestarla y deportarla a pesar de que Guadalupe había cumplido con el protocolo y las reglas.

Cuando Jeanette se enteró del caso, tomó una determinación: no les iba a dar la oportunidad de ser la siguiente.

–Cuando llegó el 15 de febrero, el día de mi cita, decidí que no iba a ir. Yo tenía la sensación de que iba a ser arrestada. Iba a ser así. Le pedí a mi abogado que fuera él solo a preguntar si ya tenían el documento de aprobación de mi caso [una nueva suspensión de su orden de deportación], porque tenían 89 días evaluándolo. Era un caso que conocían desde hace ocho años y al que yo cada vez añadía más evidencia a mi favor.

Hans Meyer, el abogado de Jeanette, y su pastora de la iglesia, Ann Dunlap, accedieron a ir en su representación a la oficina de inmigración. Si el documento de suspensión de deportación estaba listo, entonces Jeanette iría a firmar; si no, ya sabía lo que tenía que hacer.

Mientras esperaba las noticias en su casa, donde ya se habían dado cita algunos reporteros y camarógrafos que conocían su historia personal, Jeanette recibió un mensaje de texto de Dunlap: "Ni te pares por aquí". Más tarde recibiría por teléfono la confirmación de Meyer: la suspensión de la deportación había sido negada. Un breve video compartido en redes sociales por Donie O' Sullivan, productor de CNN, muestra a una Jeanette que rompe en llanto cuando le dan la noticia, mientras dos de sus hijas se acercan a consolarla. En una declaración a la prensa, Jeanette dijo que se daba cuenta de la posibilidad de pasar los cuatro años del gobierno Trump en santuario.

El espacio del sótano de la First Unitarian en el que Jeanette trabajó había sido ocupado un poco antes por Arturo Hernández García, otro miembro de la comunidad que fue el primero en beneficiarse de la iniciativa de Jeanette. Hernández García estuvo en Santuario algunas semanas y pudo salir porque recibió una suspensión de su orden de deportación. El plan de Jeanette había funcionado; cuando llegó el momento para ella, las cosas estaban listas. Jeanette entró a la iglesia, habló con la persona que habían acordado que se encargaría de las comunicaciones y le pidió que avisara a la gente que estaba ingresando al templo y sus razones para hacerlo. En pocos minutos la prensa empezó a llegar. Ahí empezaron sus tres meses de santuario.[1]

***

En la primavera del año 2006, algunas de las principales ciudades estadounidenses –Chicago, Nueva York, Phoenix, Los Ángeles– vieron marchar por sus calles a cientos de miles de personas exigiendo respeto para los derechos de los inmigrantes y pidiendo al Congreso de Estados Unidos una reforma migratoria integral.

Esta reacción masiva, manifestaciones en números como nunca se habían visto en el país –solo superadas por la convocatoria nacional de la llamada Women's March un día después de la toma de posesión de Donald Trump–, fue provocada por la aprobación en la Cámara de Representantes en diciembre de 2005 de la iniciativa de Ley de Protección Fronteriza, Antiterrorismo y Control de la Inmigración Ilegal, conocida como "Ley Sensenbrenner", por el nombre del congresista de Wisconsin que la introdujo, el republicano Jim Sensenbrenner.[2] La iniciativa fue rechazada en el Senado, pero provocó una reorganización del movimiento proinmigrante en Estados Unidos, una serie de propuestas antiinmigrantes similares a nivel estatal en años posteriores –las llamadas "Ley Arizona" o "Ley Alabama", por ejemplo– y la reactivación del Movimiento Santuario y de las coaliciones interreligiosas, que anunciaron la apertura de las puertas de sus templos como ocurrió en los años ochenta. Casos como el de Elvira Arellano, la inmigrante indocumentada originaria de Michoacán que permaneció en santuario en una iglesia de Chicago durante un año, aparecieron repetidamente en los medios de comunicación nacionales e internacionales.

Aunque la ubicación de quienes toman santuario es pública, ni antes ni ahora las autoridades de inmigración se han atrevido a entrar por la fuerza a un templo para sacar a alguien y deportarlo; este criterio fue reafirmado en el documento conocido como el "Memo Morton", un memorándum enviado en 2011 por el entonces director de la Agencia de Inmigración y Aduanas (ICE), John Morton, instruyendo a los agentes de inmigración a aplicar las reglas establecidas por la administración Obama para realizar deportaciones, que consistían en priorizar el arresto de criminales y personas que representaran un riesgo para el país. Abiertamente se indicó a los agentes de ICE evitar "sitios sensibles", incluyendo iglesias, hospitales y escuelas.[3]

Como es sabido, a pesar de que el discurso de Donald Trump ha sido abiertamente antiinmigrante, su predecesor ostenta el título del presidente que más deportaciones ha realizado en la historia de Estados Unidos. Barack Obama cerró sus ocho años de presidencia con más de tres millones de deportaciones, de las cuales dos millones fueron de mexicanos.[4] La diferencia, sin embargo, es que durante la administración Obama aún existía una posibilidad de negociación de reforma migratoria y el Movimiento Santuario entonces era una estrategia paralela. Hoy, bajo la administración Trump, para algunos es una única alternativa.

Esto puede ayudar a explicar el incremento en las organizaciones de fe que se han declarado santuario. En 2014, existían 250 congregaciones, incluyendo sinagogas, que eran parte del movimiento. Tras las redadas de enero de 2016, el número creció a 400 congregaciones.[5] Para el mes de noviembre, cuando Trump ganó la elección, se habían duplicado a 800. El sitio web del Departamento de Seguridad Interna (DHS) aún cita las iglesias como "sitios sensibles", pero quienes trabajan con la comunidad indocumentada desconfían de los giros que puedan dar estas políticas bajo la administración Trump.

Es difícil conocer el número de personas indocumentadas que actualmente se encuentran en santuario, en parte porque muchos de ellos desean mantener sus casos lo más privados posible por miedo a la deportación; generalmente quienes son públicos y vocales sobre su caso suelen ser las personas que han estado en el activismo por muchos años, como ocurre con Jeanette.

En algunas de las llamadas "ciudades santuario", los agentes de los departamentos de Policía, que están a cargo del orden en las ciudades, o los agentes del sheriff, que operan en los condados –un nivel de gobierno intermedio entre la ciudad y el estado–, se niegan a realizar detenciones de personas usando como criterio su estatus migratorio.

De acuerdo con la legislación, los agentes federales deben buscar apoyo de la policía local para realizar detenciones en casos de violación a las normas de inmigración; pero lo que la ley no exige a los agentes locales es que detengan inmigrantes indocumentados únicamente porque su contraparte federal lo solicita, sin que exista una falta local de por medio. Cuando algunos casos han llegado a las cortes federales, se ha determinado que cumplir con esta solicitud queda a consideración de los integrantes de cada agencia local.

Lo que se pide desde diversas organizaciones de defensa de derechos de los inmigrantes y desde las comunidades es que para realizar estas detenciones el individuo verdaderamente represente un riesgo para la sociedad por haber cometido actos que constituyan una ofensa criminal.

La principal razón por la cual los agentes de policía y del *sheriff* locales en diversos estados se niegan a colaborar con "Comunidades Seguras" –opinión a la cual se suman políticos y activistas– es que, si cualquier interacción con la policía se convierte en una posible deportación, estas comunidades resultarán aún más segregadas de lo que ya están. Un gran número de personas indocumentadas teme que al entrar en contacto con una agencia del orden, como la Policía o el *sheriff*, se descubra que se encuentran de manera irregular en el país y que puedan ser arrestados o deportados. Esto provoca que cuando son víctimas de algún delito –robo o asalto, extorsión, abuso laboral, violencia doméstica o de género– prefieran no denunciar, lo cual genera un ciclo de vulnerabilidad constante.

Al temor por el estatus migratorio, también se suma el hecho de que en Estados Unidos hay una percepción, fundamentada con datos y cifras, de que a las minorías étnicas –afroamericanos y latinos, principalmente– se les arresta con mayor frecuencia y se les sanciona con mayor severidad que a los individuos anglosajones que cometen el mismo número o tipo de faltas.[6] La práctica conocida como *racial profiling*, el criterio para detener o no a alguien con base en la forma en que luce, ha sido denunciada por años por organizaciones activistas y de defensa de derechos humanos –es muy conocido el experimento de percepción que consiste en pedir a un hombre blanco que abra la puerta de un auto desde afuera utilizando un gancho y pedir a un afroamericano o latino lo mismo: un buen número de personas interpreta que el primero olvidó las llaves adentro y que el segundo intenta robar el auto.

Durante muchos años los gobiernos estatales y locales han emprendido campañas para terminar con esta percepción e incentivar a la población de minorías raciales o étnicas a que denuncie los crímenes cuando sean víctimas, bajo la premisa de que nadie tiene por qué preguntar su estatus migratorio o sus antecedentes penales en el país como requisito para proceder con la denuncia. Departamentos de policía como los de Los Ángeles, San Francisco o Nueva York, ciudades que abiertamente se han declarado "santuario", tienen entrenamientos constantes para promover la confianza de las comunidades en sus agentes del orden. Si estos agentes se sumaran al programa "Comunidades Seguras", todo lo que se ha avanzado en estos años se perdería.

La propuesta de Trump para congelar los recursos a las ciudades santuario fue detenida legalmente –como otras de sus órdenes ejecutivas–, debido a que, con base en una determinación previa de la Suprema Corte, esta medida solo es justificada cuando representa un "interés federal" superior en el tema que se aborda. Las ciudades, los condados y los estados con políticas de santuario reciben dinero federal de decenas de departamentos y dependencias, pero la mayoría de estos no tienen nada que ver con tareas de control de inmigración. Adicionalmente, para muchas de estas ciudades estas aportaciones federales no son representativas el total del dinero con el que funcionan. En el caso de Nueva York, por ejemplo, los fondos federales solo representan el diez por ciento del presupuesto de la ciudad –80 mil millones de dólares en 2015–.

Un análisis realizado por el diario *Washington Post*[7] encontró que muchos condados con políticas de santuario reciben muy poco o casi ningún presupuesto de los programas del Departamento de Justicia, que es una de las instancias que podría tener "interés federal" para retener recursos a estos condados: de los 165 millones de dólares distribuidos desde este departamento, solo 18 millones llegaron a jurisdicciones con políticas de no cooperación con las autoridades de inmigración.

Algunas ciudades y condados han implementado políticas que van más allá de negarse a detener inmigrantes indocumentados solo por su estatus migratorio. California ha autorizado la emisión de licencias de conducir para personas indocumentadas y ofrece servicios de interpretación en varios idiomas en las oficinas locales. El Distrito de Columbia recientemente estableció un fondo de defensa legal para inmigrantes indocumentados; los procesos de deportación se realizan en cortes civiles en lugar de cortes criminales, facilitando el acceso de los acusados a un defensor de oficio –facultad que en las cortes criminales no está contemplada para los casos de inmigración–.

***

En el sótano de la iglesia First Unitarian, el paso de los días fue cubriendo las paredes amarillas con carteles hechos por activistas para darle ánimo a Jeanette, así como con decoraciones infantiles para cuando sus hijos y nietos llegaban de visita. Las fotografías tomadas en esas semanas en el espacio donde la activista pasó casi tres meses, muestran cuadernos y lápices para colorear en los cajones, además de un horno de microondas, artículos de limpieza, un pequeño calentador, un rosario en la pared.

Durante una entrevista otorgada a una reportera de televisión desde su encierro voluntario, una llorosa Jeanette habla con voz quebrada de sus razones para permanecer ahí.

–*My kids are my life, my family is my life.* No es *my country*, pero es *my house* [sic], *the house of my kids, and the country of my kids. I'm living more years here than in my country.*

Cuando Jeanette llegó a Estados Unidos, Tania, su hija, tenía siete años. Hoy tiene 27 y es beneficiaria de DACA, el programa de protección temporal implementado en 2012 por Barack Obama para los jóvenes que llegaron al país como inmigrantes indocumentados siendo menores de edad. Los otros tres hijos de Jeanette son ciudadanos estadounidenses: Luna, de 13 años; Roberto, de 10, y Zury, de seis. A los juegos de sus tres niños se suman, además, los de sus tres nietos.

–Creo que he hecho un buen trabajo con ellos –me dice Jeanette con humildad, pero con certeza, cuando hablamos de sus hijos. En casi cada entrevista suya que he visto, al llegar a este tema se le quiebra un poco la voz. Nuestra charla no es la excepción–. El estudiar psicología me ayuda a entender que a los niños se les tiene que hablar claramente de lo que pasa; es un error pensar que porque son niños no entienden. Todos han vivido conmigo el activismo; los cuatro entienden cómo están las cosas, por qué se tiene que luchar. Cuando decidí que entraría en santuario, mis hijos dijeron: "Nosotros seremos tu voz allá afuera".

La anterior podría ser solo una frase de apoyo, pero los hijos de Jeanette efectivamente hablaron por su madre. El 13 de abril de 2017, mientras Jeanette se encontraba en el sótano del templo, sus hijos viajaron a Washington, D.C. con la llamada "Caravana de los niños", una marcha nacional de decenas de niños y jóvenes estadounidenses cuyos padres son indocumentados, han sido deportados o tienen órdenes de deportación, con el fin de reivindicar su derecho a tener a sus padres junto a ellos en su país de nacimiento.[8]

–Los niños que viven en su familia la lucha por defender los derechos y cambiar las leyes son afectados también –me explica Jeanette–. Maduran antes de su tiempo, su nivel intelectual no es el mismo que otro niño; usan un lenguaje diferente al habitual de un niño. Mi hijo Roberto me dice: "Estoy pensando en ser presidente porque estas leyes injustas tienen que cambiar".

Al cariño recibido por su familia, se suma el que Jeanette recibió durante semanas gracias a la solidaridad de su comunidad. Con emoción revivida, habla de las expresiones de amor y apoyo de la gente durante el tiempo que estuvo en santuario. Le llegaban mensajes de todo el país, le enviaban regalos y objetos para hacer más llevadera su estancia; para sus hijos, la gente enviaba tarjetas del supermercado a fin de que no les faltara nada. Durante sus semanas de vida en el sótano, Jeanette siguió dando talleres y presentaciones, y también armó un plan de seguridad por si fuera necesario desalojar el sitio: aunque en la historia del movimiento nunca ha ocurrido que un Santuario sea violentado por las autoridades de inmigración, Jeanette está convencida de que la administración Trump "no respeta nada", así que decidió estar alerta.

Su experiencia con medios de comunicación durante esas semanas también fue positiva. Su historia fue presentada en espacios locales y nacionales, pero también en prensa de

Japón, China, Francia, así como vía Skype para México y para América Latina, y en periódicos y revistas.

–Tuve mucha atención porque a partir de Trump se estaba hablando más fuerte de migración. Ya era hora de que el tema tuviera la atención que se necesita, y me alegro de que mi caso haya servido para eso. Siempre he sabido que esto es un arma de dos filos, que mi perfil público puede servir para que me saquen más rápido o para lograr un cambio.

Lo que ni de chiste imaginaba Jeanette era cuán público estaba por volverse su perfil. Estaba por cumplir dos meses viviendo en el sótano del templo, cuando recibió una llamada de la oficina del abogado Meyer. Lo que escuchó del otro lado de la bocina le sonó a broma.

–Jeanette, te tengo una noticia. Te nominaron como una de las 100 personas más influyentes del mundo de la revista *Time* –le dijo una asistente, quien le explicó que la lista con los nombres definitivos sería publicada el 20 de abril.

Jeanette no lo tomó muy en serio, pero una semana después le llegó por correo la invitación formal para la gala del 25 de abril en el Lincoln Center de la ciudad de Nueva York. Y entonces se dio cuenta: estaba nominada en una lista de las personas más influyentes junto con el presidente Donald Trump, su hija Ivanka y su yerno Jared Kushner.

–Imagínate, 20 años de mi vida haciendo tantas cosas, luchando; sí sentí la satisfacción de saber que he logrado cambios –me dice sin falsa humildad–. Aquí en Colorado he construido comunidad, mi voz es escuchada. Y me dio mucho orgullo poder decir: Trump, te estoy tapando la boca. No somos criminales, podemos estar en la misma lista que tú. Y yo puedo disfrutar de este premio porque mi gente me aprecia y me respeta; a ti tres cuartas partes del país te odian. ¿Cómo puede dormir ese hombre cada noche si sabe que hay niños que se están quedando sin padres y madres por una deportación?

El 20 de abril a las cinco de la mañana, Jeanette recibió la confirmación: su nombre estaba en la lista final. Llevaba 64 noches viviendo en santuario. Pidió que trajeran a sus hijos y unas horas más tarde, luciendo el pelo obscuro suelto peinado en rizos suaves, enmarcando su rostro moreno, afilado, de ojos pequeños, salió a las escaleras del templo que convirtió en su hogar para hablar sobre su nombramiento con la prensa. Vestía un pantalón negro, una blusa negra con lunares blancos y un ligero suéter blanco. La acompañaban Jennifer Piper, directora en Denver del programa interreligioso de American Friends Service Committee, la organización impulsora de la campaña "Sanctuary Everywhere",[9] y el pastor de la iglesia First Unitarian, Mike Morran.

–Como personas de fe estamos llamados a defender a las familias que son la base de nuestra vida en común. Aunque podemos nombrar a dios de diferentes maneras, estamos llamados a trabajar todos juntos contra las fuerzas sin sentido que buscar separar a una madre de sus hijos –dijo Morran parado frente a la escalera que lleva al templo antes de dar la palabra a Jeanette–. Esta comunidad de fe cree que separar a esta familia es una gran injusticia.

Con el apoyo de Piper como su intérprete al inglés, Jeanette se paró ante los micrófonos y empezó a hablar en español. Explicó que para ella el reconocimiento llegaba después de veinte años de lucha, de crear caminos. Habló del miedo, de la rabia, de la decepción; de vivir sabiendo que los gobiernos tratan de separar a las familias. Compartió el reconocimiento con las familias migrantes que luchan como ella, y dijo que esta lucha no es solo por mantener a las familias juntas, sino contra el odio. Con voz quebrada, dedicó el reconocimiento a sus hijos, quienes han estado a su lado. Agradeció a los congresistas que han buscado alternativas para mantenerla en su comunidad en un esfuerzo por demostrar "que no somos la etiqueta que nos ponen de gente criminal". Y en alusión a su compañero de lista de Time, mencionó:

–He contribuido a este país con 20 años de trabajo fuerte y duro, y estos años he pagado impuestos, y puedo mostrárselos, a diferencia del señor Trump, que no ha podido mostrar su declaración. Los inmigrantes no somos criminales, somos gente productiva.

Evidentemente, Jeanette no pudo ir a la gala en Nueva York. Ese día, con la gente que la quiere, organizó su propio evento en el santuario, con su comunidad.

A las buenas nuevas del nombramiento de *Time*, siguió otra buena noticia: el 12 de mayo las autoridades de inmigración informaron al abogado de Jeanette que una moción privada presentada por el senador Michael Bennett había sido aceptada junto con otras 32 iniciativas similares alrededor del país que habían sido presentadas antes del 5 de mayo. A través de un correo electrónico, se les notificaba que para esos 32 casos se respetaría el criterio aplicado por la administración Obama para suspender la orden de deportación, especificando que los casos posteriores no se tratarían de la misma manera. Para entonces Jeanette ya se había mudado a la iglesia First Baptist debido a un trabajo de remodelación que se llevaba a cabo en First Unitarian.

Cuando supo la noticia, Jeanette decidió hacerla pública a través de una transmisión en vivo en su muro de Facebook. Con el pelo recogido y sonrisa entusiasta, acompañada por algunas personas en una pequeña estancia, Jeanette empezó a hablar, primero con voz firme y en algunos momentos aguantando la emoción, agradeciendo a todas las personas que hicieron posible su permanencia en el país, desde su abogado hasta quienes le abrieron las puertas de sus templos.

–Mañana salgo de santuario. ¡Sí se pudo! Mañana salgo de la iglesia, podré ir con mi familia –en este punto la voz de Jeanette se quiebra; hace una pausa para contener el llanto y no lo logra–. Es uno de los mejores días de la madre, voy a poder estar con mis hijos en mi casa… Quiero agradecer a las iglesias que nos han acogido, que nos han dado el espacio seguro para resistir nuestro proceso de deportación. A mis hijos, a mis nietos –se le vuelve a quebrar la voz, hace una pausa–; a mi padre que desde México siempre me da fuerzas y me dice: "M'ija, no se rinda".

La nueva suspensión de su orden de deportación, con vigencia de dos años, fue posible en parte por el apoyo recibido por Jeanette de parte de funcionarios a nivel federal, estatal y local, y las mociones privadas presentadas por el senador Michael Bennet y los congresistas Jared Polis y Ed Perlmutter. Pero, además, Jeanette tiene otro proceso legal en marcha. En 2016 presentó una solicitud para obtener una visa U, el tipo de visa que se otorga a quienes han sido víctimas de un crimen, debido a una acusación realizada por ella contra su esposo hace algunos años por haberla atacado. Aunque de acuerdo con Jeanette la situación de violencia doméstica solo ocurrió en una ocasión, si su caso procediera, obtendría la suspensión definitiva de su orden de deportación y una visa por al menos tres años. Actualmente la pareja está separada y conviven con los hijos de ambos en buenos términos.

El día que Jeanette y yo hablamos por teléfono se hicieron públicos los detalles del proyecto de Presupuesto de Egresos de Estados Unidos para el año fiscal 2018. En él, no se considera ningún recorte presupuestal a las ciudades santuario. Aun así, Jeanette desconfía: está segura de que la administración Trump encontrará otra manera de "ahorcar" a quienes desean apoyar a los inmigrantes, o simplemente no cumplir con las funciones de autoridad de inmigración que no les corresponden.

–Yo quiero que nuestras comunidades sean más fuertes, quiero estar con mi familia, con mis hijos. Y quiero más igualdad para todo el mundo, que se respete a las personas sin importar su raza u origen; pero el tema de inmigración no va a terminar pase lo que pase. Mi abuelo fue parte del programa bracero y así murió. Esta es una lucha a largo plazo.

América Ferrara, la actriz estadounidense que tuvo a su cargo escribir la pequeña biografía que publicó la revista *Time* sobre Jeanette Vizguerra,[10] empieza su texto así: "Algunas familias tienen planes de emergencia para incendios, sismos o tornados. La familia de Jeanette Vizguerra tiene un plan de emergencia por si un día llega el temido llamado a su puerta. Si los oficiales de inmigración vienen a su casa, sus niños saben que deben filmar el encuentro, avisar a los amigos y a la familia, y esconderse en la recámara. La familia Vizguerra ha vivido bajo el miedo de ser separada por una deportación".

Sobre el trabajo activista de Jeanette en Estados Unidos, Ferrara lo describe como "una actividad valiente y riesgosa para un inmigrante indocumentado", y añade: "Ella ha derramado, sangre, sudor y lágrimas para convertirse en propietaria de un negocio y darle a sus hijos más oportunidades de las que ella tuvo. Esto no es un crimen. Esto es el Sueño Americano".

9. Familias entre dos mundos

Guadalupe García de Rayos, 35 años
Acámbaro, Guanajuato/Phoenix, Arizona
Noemí Romero, 25 años
Villahermosa, Tabasco/Glendale, Arizona
Viridiana Hernández, 26 años
Jojutla, Morelos/Phoenix, Arizona

El 8 de febrero de 2017, Guadalupe García de Rayos se presentó a su cita semestral con las autoridades de inmigración en la ciudad de Phoenix, Arizona, como lo había hecho durante los últimos ocho años, pero esta vez no salió.

Un día después de su detención, el 9 de febrero, Lupita, de 35 años de edad y madre de dos hijos adolescentes que son ciudadanos de Estados Unidos, fue deportada a Nogales, Sonora. Los chicos y su esposo, también indocumentado, se quedaron en Arizona. El caso de Lupita fue ampliamente publicitado como el de la primera, mexicana deportada por la administración de Donald Trump.

Como es sabido, durante su campaña por la presidencia, Trump aseguró que su prioridad sería la deportación de criminales, pero con las órdenes ejecutivas que firmó cinco días después de su toma de posesión, modificando los criterios bajo los que opera la ley de inmigración, prácticamente cualquier persona indocumentada que haya utilizado documentos falsos habría incurrido en una infracción criminal, independientemente de si cuenta o no con antecedentes penales. Bajo este criterio, personas como Lupita se vuelven blanco de deportación.

Aunque en los meses posteriores no se han visto acciones de detención y deportación masivas –lo cual desde luego no quiere decir que no las habrá–, el caso de Lupita volvió a poner de manifiesto uno de los problemas más grandes y menos hablados en el debate sobre inmigración: existen en Estados Unidos nueve millones de personas que viven en una familia cuyos integrantes tienen un estatus migratorio mixto. De ellos, cuatro millones son padres que carecen de documentos, y medio millón son niños que, aunque han crecido aquí, también carecen de ellos. Los restantes cuatro millones y medio son niños que viven todos los días bajo los beneficios que les otorga el haber nacido en Estados Unidos. ¿Qué pasa cuando en una familia los padres son indocumentados y los hijos no, o cuando hay hijos con los dos tipos de estatus? ¿Cómo se manejan las tensiones al interior bajo la amenaza de la separación familiar? ¿Cómo se vive cuando uno de los miembros de la familia tiene acceso a privilegios y servicios sociales por ser ciudadano, y otro no?

***

En 2013, durante una visita al estado de Arizona, conocí a los Romero. En el hogar de esta familia originaria de México, a los hijos se les educó enseñándoles que todos eran iguales. A los tres se les inculcó el cariño y el respeto por sus mayores, el orgullo por el país de origen de la familia, y el amor por Estados Unidos, la patria que los recibió y en donde habían vivido durante dos décadas. Pero, en el fondo, todos sabían que había algo que los hacía diferentes: mientras Cynthia, la menor, es ciudadana estadounidense, Steve y Noemí, los mayores, se encontraban en el país sin documentos.

En los últimos años, el número de niños nacidos en Estados Unidos cuyos padres son inmigrantes indocumentados se ha elevado, haciendo que a su vez crezca el número de familias que enfrenta algún tipo de tensión en casa por el estatus migratorio mixto de sus integrantes. Mientras los hijos mayores carecen de documentos a pesar de haber llegado al país a muy corta edad, los hijos menores suelen ser ciudadanos estadounidenses.

La estadística más reciente, que corresponde al año 2013, indica que hay más de cinco millones de niños en Estados Unidos que tienen al menos un padre que es inmigrante indocumentado. Ocho de cada 10 de estos niños, un poco más de cuatro millones, son ciudadanos estadounidenses.[1]

De los tres hermanos Romero, Noemí, entonces de 21 años, fue la primera en darse cuenta de lo que representaba esta diferencia. Cuando tenía 15 años sus amigas de la escuela empezaron a hacer su examen para obtener una licencia de manejo, y Noemí preguntó a sus padres por qué ella no podía obtener una. María, su madre, le explicó cuál era su situación y las razones por las cuales en los años posteriores se le estaría negado el acceso a algunas cosas más.

La advertencia se materializó cuando Noemí dijo que quería seguir estudiando: las escuelas le abrían las puertas, pero, cuando decía que no contaba con un número de Seguro Social, se le cerraban automáticamente. Entonces entendió que de los tres hermanos la educación era un privilegio del que gozaría solo Cynthia, entonces de 13 años.

–Es mucha la tensión que se vive –me dijo María Gómez, madre de los Romero, quien al igual que su marido se encontraba en Estados Unidos sin documentos. Nos conocimos en la ciudad de Phoenix, en un evento organizado por Puente, uno de los grupos activistas proinmigrantes más conocidos en Arizona. Originarios del estado de Tabasco, en 1995 los padres y sus dos hijos mayores, Noemí de tres años de edad, y Steve de uno, llegaron a vivir a la ciudad de Glendale, Arizona. Cinco años más tarde nació Cynthia.

–Cuando fueron creciendo, sabían –me dijo María sobre la situación indocumentada de sus hijos mayores.– Se les dijo que había razones por las cuales no podíamos ir a México; bueno, podíamos ir, pero ¿cómo regresábamos? No lo entendieron muy bien al principio, pero lo aceptaron.

Los hermanos Romero fueron a la escuela y como cualquier otro niño de este país crecieron con la identidad estadounidense. Pero, cuando arribaron a la vida adulta, la diferencia entre tener documentos y no tenerlos empezó a cobrar una cuota en la estabilidad familiar: a los constantes episodios de frustración en casa por las oportunidades negadas a sus hermanos, se sumaba el temor de Cynthia al saber que en cualquier momento algún miembro de la familia, incluidos sus padres, podría ser deportado.

Esta situación, la de crecer teniendo uno o los dos padres indocumentados, crea desventajas para los niños. Ríos de tinta impresa y digital han corrido en este sentido: los hijos de padres indocumentados suelen tener un desarrollo cognitivo y un progreso educativo menor debido a que en sus familias el ingreso suele ser bajo, existen menos recursos en la familia para supervisar las actividades de los niños y hay una menor autonomía de estas familias al depender de empleos en los cuales puedan trabajar, que no necesariamente son aquellos para los que están mejor calificados. Los hijos mayores de padres indocumentados tienden a tener menos años de educación formal que los hijos de inmigrantes con documentos.

Desde que era pequeña, a la menor de los Romero le tocó ser un puente entre su familia y el resto de la sociedad. Como suele ocurrir en las comunidades latinas, Cynthia tiene como principal idioma el inglés pero entiende perfectamente el español porque es la lengua en la que hablan sus padres. Esto le ha dado un rol en el proceso de comunicación familiar. Aunque cuando conversé con ella le hice todas las preguntas en inglés, ella me respondía a todo en español en un acto de cortesía con su madre, quien se encontraba presente.

–Yo le ayudo a mi mamá, por ejemplo, cuando va a depositar dinero o cuando vamos con el abogado que no habla español –me dijo con timidez–. Yo también quiero ser abogada, para ayudar a nuestros... –dudó un momento hasta encontrar la palabra adecuada en español– ...para ayudar a la comunidad.

Aunque aún faltaban muchos años para que la joven Cynthia definiera a qué se dedicaría el resto de su vida, su visión en aquel momento estaba influenciada por la realidad que le tocó vivir en los años recientes. En 2010 María, su mamá, fue arrestada y llevada a un Centro de Detención de Inmigrantes ahí mismo, en Arizona, en donde estuvo cuatro semanas.

A María le fue iniciado un proceso de deportación que hasta aquel momento se encontraba en curso en una corte de inmigración. Su abogado se lo dijo desde el inicio en un gesto de completa claridad: el proceso de deportación toma años en concretarse y esto sirve para ganar tiempo para que los padres estén más tiempo con sus hijos o para que la familia completa permanezca en Estados Unidos; pero, si la última fecha programada en la corte no se posterga, al llegar el 2015 María tendría que ser deportada.

De acuerdo con las cifras de las autoridades de inmigración, en 2013 una de cada seis personas deportadas, es decir, más de 70 mil individuos, declararon tener uno o más hijos nacidos en Estados Unidos;[2] con su deportación, no solo se separó a una familia, sino que se privó a uno o más ciudadanos estadounidenses del derecho a vivir en su país con sus padres.

–Desde entonces, y hasta hoy, Cynthia piensa qué va a pasar cuando llegue ese momento, porque ella no se quiere ir a México –me dijo María con genuina preocupación–. Las semanas que yo no estuve fueron muy duras para ella. Yo le digo que piense positivo, que algo bueno va a salir de aquí a ese momento, para que no se mortifique, porque es muy nerviosa. Pero luego vino lo de Noemí, y eso empeoró todo.

Noemí tenía 20 años, 17 de ellos viviendo en Estados Unidos, cuando el 15 de junio de 2012 Obama anunció la implementación del programa de Acción Diferida DACA, la iniciativa creada para proteger temporalmente a los jóvenes que, como ella, carecen de documentos. Esto fue una excelente noticia para Noemí, quien descubrió que cumplía con todos los requisitos. El problema llegó al momento de iniciar el trámite: la joven necesitaba 465 dólares para presentar la solicitud, pero no contaba con ellos y no tenía un permiso de trabajo.

Decidida a buscar una solución para reunir el dinero, consiguió un empleo como cajera en una tienda de autoservicio utilizando un nombre falso y ganando $7.65 por hora. Noemí tenía apenas unas semanas trabajando en el lugar, cuando una redada la puso tras las rejas del Centro de Detención de Eloy, bajo la amenaza de deportación.

–Fue terrible. Pensaba cómo le estarían haciendo en mi casa, si el único que trabaja es mi papá, para mantener a la familia, pagar la renta, las cuentas y además los abogados para sacarme –me dijo Noemí–. Pensé en mi hermano, que algún día también le iba a tocar que lo agarraran. O a mi papá, que también es indocumentado. Y pensaba en Cynthia, ¿qué va a pasar con ella si nos regresan a todos a México?

María se encontraba desesperada. Noemí estuvo cuatro meses en detención mientras la familia buscaba abogados y

Cynthia ayudaba a traducir las cosas del inglés para que todos entendieran. Con el proceso, también llegó la incertidumbre para la familia: si deportaban a Noemí en ese momento, ¿qué hacer? ¿La familia podía permitir que ella estuviera sola en México, donde no conocía a nadie?

Gracias a la intervención de Puente, Noemí pudo salir; sin embargo su situación empeoró debido a una ironía: como se declaró culpable del uso de un nombre falso para trabajar y reunir dinero para solicitar DACA, fue registrada con un antecedente penal que justamente la excluye de los beneficios de este programa.

–Yo ya no tengo alternativa –me dijo la chica con una mirada de profunda tristeza.

Ante la contundencia de su caso, una de las preocupaciones de Noemí era que una eventual mudanza de la familia cerraría las puertas a Cynthia para recibir la educación a la que ni ella ni su hermano han podido acceder por la falta de documentos.

–No se me hace justo que ella, que es nacida aquí, con todos los derechos que tiene un ciudadano, se tenga que ir con nosotros solo porque no podemos estar aquí legales. A veces yo sí siento algo al saber que yo no tengo esos privilegios y que hay gente que está aquí y que, teniéndolos, no los sabe aprovechar. Yo solo quiero que mi hermana… –aquí Noemí hizo una pausa y por primera vez en la conversación le ganó el llanto– …sepa valorar lo que ella sí tiene, lo que mi hermano y yo no podemos hacer. Que ella lo haga por nosotros.

Un momento más tarde, cuando Cynthia no estaba presente, María me expresó con mayor soltura su preocupación por la situación.

–En casa hablamos claramente del asunto, porque mi proceso vence en 2015; luego tuvimos lo de Noemí, y a mi esposo en cualquier momento también lo podrían detener, como a cualquiera de nosotros ¿Y qué hacemos? Yo no puedo separarme de ninguno de los tres, o nos vamos todos o nos quedamos todos. Cynthia se pone rebelde y me dice: "¿Y yo por qué, mamá?". Ella dice que no se va y no se va. Pero entonces, ¿qué hacemos? Es una batalla que tenemos ahora en casa. He pensado que vamos a necesitar apoyo psicológico para Cynthia. Yo le digo que no piense tanto, porque hay días en que se la pasa diciéndome: "Oye, pero yo no me voy a ir, yo qué voy a ir a hacer allá" refiriéndose a México. Yo sé que es injusto no solo para ella, sino para los tres, porque mis otros dos hijos prácticamente también son de aquí. A veces el sentimiento de culpa nos da a su papá y a mí, especialmente cuando Noemí estaba en la cárcel… un remordimiento al saber que mi hija estaba encerrada por habérmela traído, por no medir las consecuencias de venir a un lugar en el que no nos quieren.

Después de lo ocurrido con su hermana, Cynthia decidió que quiere ser abogada, como todos esos con los que ella tuvo que hablar para sacar de prisión a su hermana. Y entre todas las frases que escuchó, hay una que elige cuando se le pregunta qué siente al ser la única en casa con documentos.

–Tener papeles es un privilegio.

Dos años después de nuestra conversación, a mediados de 2015, busqué de nuevo a la familia Romero para saber qué había pasado con ellos. En el único número de contacto que tenía, un celular a nombre de María, nadie respondió.

***

Viridiana Hernández tiene una de las presencias más fuertes que he visto entre los jóvenes activistas proinmigrantes. Morena, con el pelo y los ojos negros contrastando con la amplia sonrisa, Viri, como le dicen sus amigos, ha pasado la mayor parte de su vida en la contradicción de pertenecer a una familia de estatus mixto.

Originaria de Jojutla, Morelos, Viri llegó a vivir a Arizona cuando su madre tomó la decisión de arriesgarlo todo para darle una vida mejor a su bebita. Sus padres, los abuelos de Viri, ya se encontraban en Estados Unidos de manera legal gracias a su trabajo como trabajadores del Programa Bracero durante varios años. La madre de Viri no pudo alcanzarlos debido a los límites de edad que establecían las leyes estadounidenses para los hijos de los trabajadores braceros, así que cruzó la frontera sin papeles y llegó a Phoenix con la niña en brazos.

Como tantos otros chicos de la generación *dreamer*, Viridiana no tiene idea de cómo se ve el lugar donde nació. A veces ve fotos que traen sus abuelos cuando van de visita a Morelos; entonces le preguntan: "¿Te acuerdas de esto?", y le señalan un lugar o a algún pariente. Viri ríe a carcajadas: "¿Cómo me voy a acordar, si tenía un año?".

–Yo siempre supe que era de México, pero la familia te dice que no digas nada –me dijo en nuestra primera entrevista, cuando yo estaba escribiendo mi libro sobre *dreamers* y ella se disponía a participar en una acción de desobediencia civil para protestar en contra del entonces *sheriff* del condado de Maricopa, el antiinmigrante Joe Arpaio–. Yo nunca supe qué significaba ser mexicano; pensaba que era algo malo, así que yo decía que nací en Phoenix. Un día en la escuela los niños empezaron a decir: "Yo nací en tal hospital; yo nací en tal otro", y oh, oh, no sabía qué decir, así que cambiaba la conversación, porque tenía la noción de que no estaba bien decir que no era de aquí.

Viridiana me recibió en la sala de su casa, una vivienda como los cientos que se distribuyen en las callecitas de West Phoenix, un área con visibles marcas latinas. Su infancia y adolescencia transcurrieron de manera más o menos tranquila, hasta que llegó ese punto de quiebre para todos los *dreamers*: el ingreso a la universidad. Ella sabía que no tenía documentos, pero descubrió lo que eso significaba cuando quiso hacer solicitudes para acceder a becas para sus estudios. Cuando se armó de valor y decidió hablar con un consejero para, por primera vez en su vida, admitir que era indocumentada y pedir ayuda, el consejero le dijo que no perdiera su tiempo, que sus padres seguramente no tenían 20 mil dólares al año –el costo de estudiar sin becas en aquel momento– y que de todas maneras para qué estudiaba si al final no iba a poder obtener un trabajo legal.

–Me di por vencida. Me puse a pensar: ¿para qué he hecho este trabajo todo el tiempo? Por un tiempo incluso le eché la culpa a mis padres, les reclamé: ¿por qué me trajeron, por qué me hicieron esto?

Viridiana, la de la presencia fuerte, se dobla cuando me cuenta esto. Trata de aguantar las lágrimas cuando me explica lo mucho que se arrepiente por haber reclamado a su mamá, y repite la explicación de su madre: lo hizo porque la familia no tenía nada en México.

–Y te voy a decir qué es lo que más me duele: mi hermano, que sí nació aquí, que podría ir a la escuela que quiera, dice que no quiere estudiar –aquí, Viri suelta el llanto abiertamente–. ¿Cómo no se da cuenta de lo que está dejando ir? Yo lo quiero y respeto su decisión, pero no puedo dejar de sentir que es injusto. ¿Por qué quienes tienen la oportunidad no la quieren, y quienes la quieren tienen que luchar tanto?

Finalmente, Viridiana encontró opciones para estudiar. Con el apoyo de su madre, encontró una escuela privada cerca de su casa que le ayudó a buscar becas privadas y otros apoyos que daban algunas organizaciones, de manera que la cantidad que debía pagar cada año por su educación se fue reduciendo. A eso, se sumó la buena voluntad de su comunidad. Durante sus años de preparatoria Viridiana empezó a dar clases de inglés gratis para la gente que vive en el área, con el fin de que pudieran conocer sus derechos como inmigrantes indocumentados. Su gesto de solidaridad se multiplicó como los peces y los panes: cuando le llegó el momento de ir a la universidad, sus alumnos, la mayoría más grandes que ella, hicieron cajitas a manera de alcancía para reunir dinero y le ayudaron a preparar eventos de recaudación de fondos. Viridiana se graduó con honores en 2013.

***

La noche que detuvieron Lupita García de Rayos, decenas de activistas se reunieron frente a las oficinas de inmigración en Phoenix para protestar, y al menos siete personas fueron arrestadas por bloquear la camioneta en la que era trasladada rumbo a su deportación. A pesar de eso, el procedimiento siguió su curso y la mañana siguiente, después de 21 años de ausencia, Lupita estaba de vuelta en México. La última vez que había estado en el país tenía 14 años de edad, la misma edad de Jacqueline, su hija menor, quien es dos años menor que su hermano Ángel, de 16. Los dos chicos son ciudadanos estadounidenses.

Tras el arresto de Lupita dio inicio una intensa campaña de apoyo en redes sociales para pedir que se detuviera el proceso de deportación. Si, como Trump había dicho durante su campaña, la prioridad para estos procesos estaría centrada en quienes habían cometido un crimen o representaban una amenaza para la nación, ¿cuál era el objetivo de separar a una familia trabajadora de Arizona?

Los activistas que apoyaron a la familia García pidieron la intervención del senador republicano de Arizona, John Mc Cain, para resolver el asunto; pero ese mismo día, la portavoz de Donald Trump, Sofía Boza, declaró que con la detención de personas como Lupita el presidente estaba "cumpliendo con la promesa que hizo en la campaña, enfocándose primero en los criminales". Para dar sentido a esta afirmación, Boza calificó la posesión de documentos falsos como un "delito grave" de "suplantación de identidad".

A su llegada a México, Lupita decidió volver a su pueblo natal en Guanajuato. El contacto con sus hijos continuó vía telefónica en conversaciones largas, a veces hasta entrada la madrugada. Como su estatus de ciudadanos estadounidenses les permite entrar y salir del país libremente, Jacqueline y Ángel pudieron viajar a visitar a su madre en abril de 2017, con motivo de las vacaciones de Pascua. Sin embargo, el esposo de Lupita, también indocumentado, no puede viajar; es él quien ahora provee el único ingreso en la casa de Arizona con su trabajo en un restaurante. Lupita, por su parte, decidió iniciar un negocio y recientemente abrió una tortillería en Acámbaro.

La relación de pareja de los García permanece incierta. En una entrevista desde México, a cuatro meses de su deportación, Lupita aseguró que esperarían al juicio para reconsideración de su caso, "pero no sabemos si volveré algún día o si él vendrá a vivir conmigo", dijo a la reportera que conversaba con ella. "Porque, si viene, ¿quién mantendría a los niños que quieren estudiar y formarse allá como profesionistas?".

10. Piernas pequeñas, grandes sueños

Mafalda Gueta, 23 años

Guadalajara, Jalisco/Riverside, California

En 1994, el año en el que en México se levantó el Ejército Zapatista de Liberación Nacional, entró en vigor el Tratado de Libre Comercio de América del Norte, y un candidato presidencial fue asesinado, Carlos y María Esther Gueta vieron nacer a sus hijos: unos gemelos, niño y niña, a los que llamaron Sebastián y Mafalda.

Tan pronto nacieron, hubo que atender de emergencia a Sebastián por una cardiopatía congénita, un problema en el corazón que impide el flujo de oxígeno a los pulmones. El bebé requería atención inmediata y se la dieron; cuando estuvo un poco mejor, se dieron cuenta de que su hermanita también necesitaría atención.

–Cuando nací, los doctores dijeron que por esa razón no iba a poder caminar, ni pararme, ni sentarme: que iba a pasar la vida entera postrada.

Mafalda es de baja estatura, rostro ovalado, cabello castaño y sonrisa contagiosa, y se parece a su papá. Cuando la conocí, llevaba el pelo largo. Era mayo de 2015 y en su escuela, la Universidad de Riverside California (UCR), se celebraba un banquete para financiar becas para los estudiantes indocumentados. Mafalda fue la maestra de ceremonias. Portando un vestido blanco, un suéter negro y sus botas Dr. Martens, sonriente y segura, caminó sobre el escenario y habló sobre sus compañeros, sobre la lucha individual que cada joven sin documentos debe librar para poder graduarse. La gente le aplaudió emocionada.

Sus fotos más recientes en redes sociales la muestran con el pelo corto, vistiendo toga y birrete de graduada, la sonrisa enorme. En su página de Facebook, Mafalda se describe con la frase "piernas pequeñas, grandes sueños".

***

Mafalda nació con agenesia sacra, una condición en la cual el individuo carece del hueso coxal y de la parte baja de la espalda. Esto no solo afecta su habilidad para moverse, ponerse de pie o caminar; también tiene afecciones en los órganos internos, incluyendo la madurez de la vejiga y el desarrollo intestinal.

Cuando el médico dio el diagnóstico, los padres de Mafalda empezaron a buscar todas las opciones posibles para contrarrestar sus efectos. Pero ni en la ciudad de Guadalajara, donde vivían, ni en otras ciudades del país, había opciones para niños con el problema de Mafalda. Aún no existían los CRIC, de la Fundación Teletón, que actualmente atienden a niños con problemas similares. En ese tiempo los abuelos maternos de Mafalda y una tía vivían en Estados Unidos; el esposo de la tía se enteró de la existencia del Hospital Schriners, especializado en el tratamiento de niños con quemaduras o con problemas de espina dorsal. Sin dudarlo la madre de Mafalda hizo una cita, y ahí le dijeron que una cirugía y un tratamiento posterior eran posibles.

Cuando les explicaron en qué consistiría el tratamiento, que implicaría varios años de consultas y posiblemente de cirugías, Carlos y María Esther tomaron la decisión que posiblemente cualquier padre habría tomado: renunciaron a sus empleos –él trabajaba en una agencia de viajes y ella en una aerolínea; así se conocieron–, vendieron su casa, tomaron el poco dinero que les quedaba tras los gastos médicos para la rehabilitación de Sebastián y las primeras terapias de Mafalda, y se mudaron a la ciudad de Alta Loma, California, donde vivían sus familiares. Llegaron en noviembre de 1995, justo en el Día de Acción de Gracias, con una visa de turista. Mafalda y Sebastián tenían un año de edad.

María Esther empezó a trabajar limpiando casas y se dedicó a esto por tres años; Carlos tardó un poco más en encontrar un empleo, pero finalmente consiguió uno en una agencia de viajes, y Mafalda inició su tratamiento. Al mismo tiempo, buscaron regularizar su situación migratoria: el padre de María Esther era residente estadounidense y podía "pedir" a su hija.

En 1995 iniciaron su solicitud de residencia sirviéndose de la asesoría legal que les dio una organización católica. Para acelerar el trámite, le sugirieron a María Esther que dijera que era soltera, pero más tarde descubrirían que el consejo resultó contraproducente: dado que habían entrado con una visa sellada en el pasaporte y el pasaporte de María Esther decía que era casada, su declaración se consideraría como mentira a una autoridad de inmigración, clasificada como un delito federal. Los Gueta supieron entonces que no habría alternativa para regularizar su estatus por el momento.

Para entonces, Mafalda ya estaba inmejorablemente atendida y sus posibilidades de tener una vida de pie avanzaban. El Hospital Schriners ofrece sus servicios de manera gratuita sin importar el estatus migratorio de los pacientes o su familia, hasta que el paciente cumple la mayoría de edad.[1] Mafalda, quien había tenido su primera cirugía a los dos años de edad, a los tres ya había dado sus primeros pasos; tenía por delante la posibilidad de caminar si seguía en el tratamiento, así que, sin dudarlo, la familia se quedó en Estados Unidos a pesar de que eso implicaba hacerlo en una situación migratoria irregular.

Cuando Mafalda cumplió cinco años de edad, le hicieron una cirugía que era completamente innovadora –y con nombre de trabalenguas–: una apendicovesicostomía, también conocida como procedimiento de Mitrofanoff, que consiste en utilizar el apéndice del paciente para crear un conducto entre la superficie dérmica y la vejiga. En el caso de Mafalda, quien debía llevar todo el tiempo un catéter para vaciar la vejiga debido a que no podía controlar los músculos que regulan la micción, el conducto, que conectó su vejiga con una salida a la altura del ombligo, le cambió la vida: el catéter pasó a la historia.

–Este procedimiento era nuevo para un montón de médicos. Schriners estaba realizando procedimientos que estaban cambiando la vida de todos –me explicó Mafalda en una conversación a mediados de 2017, unos días antes de su graduación de la universidad. Mafalda habla rápido, con pasión y también con mucha emoción cuando recuerda el rol de sus padres en este proceso.

Era claro que los Gueta habían llegado al lugar correcto para el tratamiento de Mafalda. Pero, mientras en el aspecto médico su vida social avanzaba, en el ámbito social había algunos problemas. Cuando Mafalda estuvo en edad escolar, Carlos y Esther decidieron enviarla a una escuela especializada en estudiantes con discapacidad, en la que el personal estaba preparado para trabajar con chicos en situaciones similares a la de Mafalda. Sin embargo, más tarde decidieron que su hija tendría que estar en una escuela con un ambiente regular, como el mundo en el que Mafalda se tendría que desarrollar el resto de su vida. A los 7 años de edad ingresó a una escuela tradicional, y eso fue duro para ella.

Acostumbrada a no ser tratada de manera diferente a los demás, de pronto se enfrentó a una ambiente en el que los maestros no sabían cómo manejar su situación y no estaban entrenados para las repercusiones mentales y emocionales de trabajar con un niño con discapacidad. Esto dio por resultado que en muchas ocasiones su madre tuviera que interceder por ella. En una ocasión, cuando tuvo la necesidad de vaciar la vejiga –y ella no podía hacerlo como cualquier otro estudiante–, la enfermera se negó a ayudarla porque no sabía cómo manejarlo.

–Yo no podía hacerlo sola y ella se negó, con lo cual me estaba poniendo en peligro. Mi mamá estaba muy molesta: habló con el director, con el superintendente. Obligó a todos a que hicieran ajustes y a que la enfermera y las maestras supieran cómo manejar mi situación. Después de eso, la enfermera solía ser muy agradable conmigo. Tú no sabes qué pasa en el mundo adulto, y no tengo muchos recuerdos de cómo ocurrieron las cosas, pero mi mamá se comportaba como eso, como una mamá. Literalmente dejó el país para que yo recibiera el cuidado que necesitaba; cuando era necesario, peleaba con doctores, con maestros; lo que tuvo que hacer, lo hizo. Entre las enfermeras solían conocerla como peleonera –recuerda riendo–; ella pensaba que por hablar solo español iban a tomar ventaja de ella. Mi mamá es muy dulce, pero, si te metes con sus hijos, no te va a ir bien.

Esto, me aclara más adelante, no quiere decir que Mafalda haya estado sobreprotegida, cosa que en muchas ocasiones habría parecido natural para las personas que la quieren. Sus abuelos, por ejemplo, constantemente decían: "Mafalda no debería hacer esto". En una ocasión, recuerda, su madre le pidió lavar los platos y ellos dijeron que no debería hacerlo. María Esther respondió: "¿Por qué no?".

–Creo que mi discapacidad podría haber sido una debilidad, pero mi mamá la convirtió en una fortaleza. Nunca me hizo sentir como una persona débil porque sabía que algún día tendría que hacer las cosas por mí misma; mis padres me empujaron siempre para ser independiente. Te encuentras que la gente por cariño quiere ayudar, pero esa ayuda a veces puede hacerte dependiente; ella no lo permitió, y eso me ayudó a ser una líder, porque me empujó a hacer cosas que fueron duras, aunque me tomara un tiempo. Las cosas me cuestan más trabajo por mi discapacidad, pero no me permito pensar que serán difíciles.

A través de las redes sociales, que es como he mantenido el contacto con Mafalda y su familia por dos años, y como he conocido algunos detalles de su historia personal, es fácil percibir el vínculo que une a los Gueta. Carlos, su padre, suele compartir los pequeños logros y la vida cotidiana de sus tres hijos, los gemelos y Enola, su tercera hija, hoy de 14 años. Como el melómano que es, asiste a una buena cantidad de conciertos –las ventajas de vivir en el área de Los Ángeles–, y en muchos de ellos lo acompaña Mafalda. Unas semanas antes de mi conversación con ella, toda la familia había asistido a una presentación de la banda de folk rock Violent Femmes.

–Yo estoy muy orgullosa de mi relación con ellos, me gusta presumirla. Siempre han estado cerca para saber qué nos gusta, para entenderlo. ¿A cuántas mamás conoces que les guste el *animé*? –me dice Mafalda con emoción–. Nos han enseñado a hacer cosas que son seguras para nosotros y a cuidarnos nosotros mismos; no somos del tipo de chicos que esconden las cosas. Mi papá me llevó a mi primer concierto a los 11 años, fue para ver a Greenday. Con él tengo una conexión en Facebook, a través de la música y de las artes, y con mi mamá a través del *animé* y de los libros. Son muy modernos y decidieron crecer con nosotros, por eso nos une una relación de amistad.

Esta solidez familiar sin duda ha ayudado a Mafalda en los momentos difíciles que ha debido enfrentar debido a su enfermedad, que son muchos. A lo largo de sus 23 años se ha sometido a 13 cirugías, algunas de muy lenta recuperación; cuando estaba en el kínder perdió tres meses de escuela debido a una de ellas, y los mismo ocurrió cuando cursaba el cuarto grado. La mayoría de estas intervenciones ocurrieron cuando era niña, porque el principal "problema" que enfrentaba era que estaba creciendo, y mientras eso ocurría, había que ir haciendo ajustes en su estructura ósea. En una ocasión, recuerda, la cirugía hizo que el ligero cojeo que siempre ha tenido, empeorara; descubrieron que la razón era que, al crecer, uno de sus pies se había ido en dirección errónea. Tuvieron que hacer una cirugía adicional para rotar la tibia.

–Pero cuando dejas de crecer deja de ser un problema –me dice en el tono alegre, enérgico, que emplea al hablar–. Yo tengo tres años viviendo sola. Puedo decir que mis papás hicieron lo que pudieron para darnos lo mejor.

***

La voz de Norma es suavecita, casi como un susurro. A sus 18 años, habla con alegría, pero también como si deseara pasar inadvertida. Norma estudia, trabaja y trata de hacer su vida como cualquier joven de su edad; sin embargo, siempre siente sobre ella una sombra de temor. Si sus amigos hacen algo que pueda llamar la atención de la policía, se pone nerviosa.

Circular por ciertas áreas, viajar a ciertos lugares, realizar ciertas actividades son riesgos que evita. Norma es indocumentada, y el hecho de saber que en cualquier momento puede ser identificada por la autoridad, arrestada y deportada ha marcado todos los días de su vida desde que tiene memoria.

Esta situación es una realidad cotidiana para los 11 millones de personas que viven sin documentos en Estados Unidos y afecta particularmente a los jóvenes que ven limitadas sus opciones en el momento determinante de su vida: cumplen la mayoría de edad, se enfrentan a la planeación de su futuro y descubren que cualquier decisión –estudiar, trabajar, viajar, conducir un auto– está limitada, determinada por su condición de indocumentados.

Ante esta situación enfrentada por miles de miembros en sus comunidades, en 2015 –el año en que conocía a Mafalda Gueta– un grupo de jóvenes investigadores realizó el estudio "Undocumented and Uninsured" –indocumentados y sin seguro de salud–, para determinar el impacto que tiene en la salud física y mental de los chicos indocumentados la constante preocupación por su estatus migratorio. Los resultados fueron reveladores: siete de cada 10 encuestados carece de acceso a servicios de salud, aunque el mismo porcentaje dijo necesitar actualmente de este tipo de servicios. De quienes padecen una enfermedad, la mitad dijo no acudir al médico por no tener un seguro de salud o por temor a que le pregunten su estatus migratorio; seis de cada 10 dijeron utilizar internet como una alternativa para buscar información sobre cómo resolver sus problemas de salud.

Para obtener estos resultados, 34 encuestadores, dirigidos por tres coordinadores que forman parte del proyecto Healthy California, impulsado por el grupo Dream Resource Center de la Universidad de California Los Ángeles (UCLA), conversaron con 550 jóvenes de entre 18 y 32 años en el estado de

California. Y para lograr un mejor acercamiento, pusieron una condición: todos los involucrados en la investigación deberían ser también indocumentados o haber sido indocumentados en alguna etapa de su vida.[2]

–Lo que encontramos es que nuestra situación no ha cambiado en los últimos años –me dijo entonces Alma Leyva, una de las coordinadoras del estudio–. A pesar de que algunas personas son beneficiarias de DACA –la medida de protección temporal para jóvenes indocumentados impulsada por el gobierno de Barack Obama, también conocida como Acción Diferida–, seguimos viviendo la experiencia de que las políticas policiales, de vigilancia, siguen dando forma a nuestra vida. La gente vive sin hacer cosas por temor a la deportación, y esto se ve reflejado en el cuidado de la salud.

La investigadora hace énfasis en el hecho de que los jóvenes indocumentados en Estados Unidos no buscan la atención de un médico por el temor a ser identificados como indocumentados, a pesar de ser víctimas de dolores crónicos o de enfermedades fácilmente tratables. En muchas ocasiones, las molestias que les provocan estos padecimientos no son graves, pero son constantes; la falta de atención conduce, con el tiempo, a situaciones que ameritan un tratamiento más complejo. Los dolores pequeños se curan con remedios caseros y la medicina preventiva no es una costumbre. Cuando el padecimiento se agrava, los afectados terminan en las salas de emergencia de los hospitales y adquieren enormes deudas debido a la carencia de un seguro médico u otro tipo de cobertura de servicios de salud. Son contados los casos como el de la familia Gueta, que encuentran un hospital o programa médico que les permite acceder a atención de largo plazo sin tener que pagar enormes sumas de dinero y sin tener que comprobar su estancia legal en el país. Las cifras para los jóvenes indocumentados en general, ponen a chicos como Mafalda en una situación excepcional.

Una prueba: cuando se le pide a Norma que mencione la última vez que fue al médico, no puede. Hace un silencio prolongado y un esfuerzo por recordarlo.

–Honestamente no me acuerdo; tal vez cuando tenía como cinco o seis años, que me pusieron las vacunas para la escuela. Agradezco no tener enfermedades, pero sí tengo mucho estrés y creo que por eso tengo dolores de cabeza. Creo que también tiene que ver con que no como mucho por la presión de la escuela y el trabajo; entonces me siento mareada, o me duele la cabeza, y me tomo una pastilla o busco algún remedio yo sola.

Norma tiene 21 años de edad y en muchos sentidos su vida ha sido similar a la de Mafalda. Su familia, también originaria de Guadalajara, llegó a Estados Unidos cuando ella tenía tres años de edad, y hasta la fecha no ha podido regularizar su situación migratoria. Norma es beneficiaria del programa DACA, gracias al cual puede pagar colegiaturas más bajas y no las altas tarifas de extranjero que deben cubrir quienes no pueden comprobar su residencia legal o ciudadanía estadounidense.

–Pero no es solo el dinero; está siempre el miedo de que de pronto te quiten lo que te están dando –se apresura a aclarar–. Hoy las leyes me permiten ir a la escuela, pero esto puede ser derogado en cualquier momento y me provoca mucho estrés no saber si voy a poder terminar. Es un estrés que se suma al de todos los días, cuando hay algo que puede salir mal: si mis amigos están haciendo algo raro, algo que pueda levantar sospechas, y viene un policía y nos interroga, ellos tal vez reciban una sanción y salgan bien librados, pero yo puedo terminar deportada en México. Es una tensión que siempre vive conmigo.

Norma no es la única que vive con esta tensión. El estudio de UCLA encontró que 83 por ciento de los encuestados reconocieron que se "automonitorean" durante el día para evitar actividades que puedan llamar la atención de las autoridades hacia ellos; es decir, viven todo el día en alerta, evitando situaciones de riesgo. No van al doctor porque temen que les pidan sus documentos y cambian su comportamiento para evitar situaciones que les costarían más dinero. Viven en modo de supervivencia, y, en el largo plazo, lo que inicia como estrés o depresión ante la falta de atención se convierte en padecimientos físicos.

Norma jamás ha recibido un servicio de salud preventiva, y nunca ha tenido acceso a un servicio de salud mental. Según los resultados del reporte del Dream Resource Center, de los 550 encuestados apenas 27 por ciento dijo tener acceso a algún tipo de consejería psicológica o emocional en caso de requerirlo; la tercera parte dijo tener algún tipo de servicio de salud mental, y únicamente 19 por ciento dijo ser parte de algún grupo que le brinde apoyo emocional.

–Yo usualmente me guardo las cosas para mí, o se las digo a mi hermana; es todo lo que puedo hacer –me dice Norma–. Creo que ser indocumentada me ha hecho estar siempre consciente de mi situación; mis amigos me cuentan sus problemas pero no sé exactamente dónde están con respecto al tema de la inmigración y a veces me siento abrumada, porque, incluso si tratan de ser comprensivos, no pueden entender lo que es vivir de esa manera.

Si la ayuda no es mucha fuera de casa, la situación adentro no es mucho mejor. Dado que toda la familia de Norma se encuentra en la misma situación migratoria que ella, la atención a la salud es una carencia familiar. Tal vez por esto, cuando se gradúe, Norma desea trabajar mejorando la calidad de vida de las comunidades en entornos urbanos.

–Nosotros tratamos de ser muy cuidadosos, de no tener problemas. Cuando uno de nosotros se enferma todos los demás tratamos de ayudar: buscamos medicina que no requiere de receta médica, rezamos y esperamos que todo salga bien.

A falta de acceso a un médico, una pastillita y un rezo.

***

Cuando comento con Mafalda el asunto del acceso a la salud, su respuesta es casi inmediata: está consciente de que el tratamiento que ha recibido ha sido para ella y para su familia un privilegio. Su médico está al tanto de su estatus migratorio, así que hizo arreglos para que Mafalda no dejara de recibir atención a los 18 años de edad, cuando normalmente los pacientes deben buscar otra opción para recibir el servicio, sino hasta poco antes de cumplir los 21.

–Fueron 20 años de servicio en los que me pusieron aparatos ortopédicos, que cuando era niña aprendí que costaban cuatro mil dólares el par; no puedo decirte cuántos tuve. Me dieron medicinas y me han realizado 13 cirugías, tras algunas de las cuales he estado meses en el hospital. ¿Te imaginas la cantidad de dinero que tendríamos que haber pagado por 20 años de tratamiento, por 13 cirugías? Y no tuvimos que pagar nada. Pero no es solo el costo, sino que los tratamientos que ellos ofrecen no los tienen en otro lado; siempre están a la vanguardia.

Sucede con frecuencia que las personas que por carecer de documentos no tienen acceso a algunos servicios aprecian estas oportunidades por estar conscientes de lo que representa no tenerlas. Es parte de la identidad de una persona indocumentada: la consciencia de que tu estatus migratorio siempre estará ahí y que eso representa limitaciones.

Mafalda recuerda claramente el día en que se dio cuenta de esto: 29 de julio de 2010. En esa fecha entró en vigor la ley SB1070 de Arizona,[3] que criminalizaba a quienes emplearan a personas indocumentadas. Y en esa fecha también, María Esther, su madre, perdió su empleo. Por 10 años había trabajado en el área de contabilidad de una empresa de supermercados que inició operaciones en California y se expandió a Arizona; le gustaba su trabajo y el dueño la apreciaba mucho; como me dijo Carlos una vez, el hombre "conocía el valor de la fuerza laboral indocumentada". Cuando tuvo que despedir a sus trabajadores contrató un abogado y buscó alternativas para resolverles la situación migratoria, pero descubrió que para alguien en esa situación, no hay alternativa. En el caso particular de María Esther, le sentó tan mal tener que despedirla que le ofreció una compensación económica. Este golpe, sumado a los efectos de la crisis de 2009, hizo que el empresario terminara perdiendo su negocio.

Entender las implicaciones de tener un estatus migratorio irregular también representó para la familia entender las limitaciones que tendrían Mafalda y Sebastián para ir a la universidad. Carlos y María Esther no sabían que sus hijos tendrían que pagar colegiaturas como extranjeros por no contar con documentos, y tampoco sabían que por la misma razón no podrían acceder a apoyos financieros. Era una época en la que faltaba información sobre las opciones que tenían los estudiantes indocumentados para acceder a la educación superior, incluso entre quienes estaban a cargo de brindar dicha información. Los padres de Mafalda se reunieron con un consejero académico, y este les dijo que sus hijos no podrían ir a la universidad. Eso, más el ambiente antiinmigrante creciendo en el país, hizo que por primera vez los Gueta consideraran seriamente volver a México. Era el año 2012.

Antes de hacerlo, decidieron agotar todas las opciones. Mafalda y Sebastián fueron a preguntar a varias universidad y la respuesta fue la misma. Sebastián se sentía derrotado, pero María Esther insistió a Mafalda que fuera a preguntar a la Universidad de California Riverside (UCR). "Si ahí dicen que no, paramos", recuerda que le dijo su madre. Mafalda fue a investigar y encontró a un consejero que supo orientarla sobre cómo conseguir los apoyos financieros.

–Eso cambió mi futuro –recuerda Mafalda–. Decidí ir a UCR por eso. Mi universidad ideal era Santa Bárbara, pero sin duda UCR resultó la mejor opción porque es la que tiene más raíces en la comunidad; ahí pudimos construir una red con otras personas indocumentadas, sin vivir experiencias de xenofobia como algunos amigos en otras escuelas han tenido que enfrentar en ocasiones. Los cinco años que estuve ahí han sido un privilegio; he tenido una relación muy buena con el rector, pude desarrollar conexiones; tienes una red de apoyo que incluye maestros que ayudan a estudiantes indocumentados. Es una comunidad segura, que te recibe.

A este ambiente se sumó la entrada en vigor de DACA; esto permitió que los hermanos Gueta contaran con los apoyos financieros para estudiar. Mafalda, siempre de carácter extrovertido, desarrolló sus aptitudes de liderazgo y empezó a trabajar en el Proyecto de Estudiantes Indocumentados de su universidad. En 2014, fue escogida para enseñar ciencia en un programa de verano para estudiantes de preparatoria de la Universidad de Yale, al que ha regresado en los tres años subsiguientes. El 18 de junio de 2017 se graduó en la carrera de Artes Liberales. Planea dedicarse al área de educación.

A partir de este momento, asegura, es cuando empezará lo más difícil. Su plan ideal es estudiar una maestría en Educación Científica; tanto la Universidad de Berkeley como la de Austin tienen este programa. Al mismo tiempo, ha empezado a buscar empleo en algunas universidades; cuando hablamos por teléfono la última vez, dos semanas antes de su graduación, Mafalda ya había presentado solicitudes, en una como coordinadora de un programa para estudiantes indocumentados y en otra para coordinar un centro de estudiantes latinos.

Antes de finalizar nuestra charla más reciente, Mafalda recordó que la noche del 8 de noviembre de 2016 su familia vivió un momento similar al de 2010. La noche en que Donald Trump ganó la elección presidencial, Mafalda llamó a casa de sus padres llorando. María Esther lloraba también, pero Carlos hizo una afirmación contundente: vamos a estar bien.

–Mis papás me dijeron: hemos estado indocumentados por tanto tiempo; vivimos los tiempos de Bush, hemos vivido tantas cosas y lo hemos superado: superaremos esto también. Hoy mi mayor temor son mis papás porque bajo la óptica del nuevo gobierno son fácilmente criminalizables; es fácil minimizar su esfuerzo, lo que han hecho para darnos la vida que hemos tenido. Yo estoy a punto de ser una estudiante indocumentada que se graduó y, debido a que existe una narrativa del "buen inmigrante", eso me dará espacio para seguir adelante. Yo estoy agradecida de que sea de esa manera, pero mis padres no corresponden a esa narrativa y ellos son los que son vistos como criminales. No me preocupo por mí, sino por ellos. Me doy cuenta de que por haber estudiado en las condiciones en las que lo hice y por tener un grado académico, tengo mayor valor para la sociedad que ellos, pero por el esfuerzo que ellos han invertido son mucho más valiosos que muchos ciudadanos, porque han hecho un doble trabaja para dar a su familia lo que necesitaba.

Con respecto a sí misma, las circunstancias han hecho que Mafalda tenga una preocupación menos. Cuando tenía 15 años de edad conoció a Sarah, su pareja desde hace ocho años, quien es ciudadana estadounidense. Durante mucho tiempo, Sarah sugirió que se casaran para que así Mafalda pudiera regularizar su estatus migratorio; ella se negaba a hacerlo.

–Yo no quería caer en ese estereotipo, pero, cuando Trump ganó, nos dimos cuenta de que no había otra alternativa. Llevábamos ocho años de relación. Lo hicimos de manera un poco apurada, pero queremos tener una boda en forma cuando podamos pagarla. Ahora la prioridad es que yo pueda regularizar mi estatus para hacerme cargo de mi situación y de la de mis papás.

De acuerdo con las leyes estadounidenses, cuando Mafalda obtenga la residencia legal, deberán pasar tres años para que se convierta en ciudadana de Estados Unidos. Entonces, en 2020, podría iniciar un proceso de petición de sus padres. Este proceso suele tardar entre seis meses y un año, de manera que para Carlos y María Esther la posibilidad más cercana de regularizar su estatus sería en 2021. La otra alternativa que tienen es esperar a que Enola, su hija menor, cumpla 21 años para que sea ella quien iniciara el proceso de petición, es decir, en 2023.

–Mis papás tenían una buena vida, buenos empleos, un hogar, una familia, un seguro médico, y dejaron todo en un segundo para tal vez, porque nunca tienes garantías en esto, darnos una mejor vida. Si México hubiera estado más desarrollado en el área de medicina, tal vez no tendríamos que haber venido aquí; mis papás no tendrían que estar lidiando con lo que pasará con ellos en el futuro. Y aún así, al ver ahora las cosas que pasan en México, tampoco sé si habríamos tenido alternativa. Me parece que ni siquiera es cuestión de un gobierno, sino un asunto colectivo que ha estado ahí por un tiempo prolongado; el problema no es de ahora.

Cuando le pregunto si cree que conocer una historia como la de su familia, de lucha, de sacrificio por una meta a largo plazo, podría conmover a quienes hoy están a cargo de las políticas de migración en Estados Unidos, Mafalda suspira.

–Conozco a mucha gente que voluntariamente elige ignorar lo que está frente a ellos. Yo prefiero educar a la gente que está dispuesta a aprender y a crecer. Creo que se ha comprobado que esta no es una persona que piense de esa manera –dice, refiriéndose a Trump–, así que no sé si estaría dispuesta a perder mi tiempo con él, porque creo que sería eso, perder el tiempo. Si yo tengo que hablar con alguien, prefiero que sea con una comunidad que podrá apoyarme, y no con alguien a quien no le importo en absoluto.

11. El futuro es femenino

Ana Elena Soto-Harrison, 47 años

Ciudad de México/Longmont, Colorado

Uno las puede ver caminando por la calle, usando el transporte público, limpiándolo y manejándolo. Están en los restaurantes, cocinando, sirviendo en las mesas, lavando los platos, y en ocasiones son las dueñas del restaurante. Están en prácticamente todas las industrias del país, desde los campos donde se cultiva la comida que come el país, hasta los hospitales donde se curan las enfermedades. Y, a pesar de ello, siguen viviendo en desigualdad.

Una de cada cinco mujeres que viven en Estados Unidos es latina, y se espera que para el año 2060 esta cifra haya aumentado a una tercera parte de la población femenina del país. En las escuelas públicas, las latinas conforman la cuarta parte de las mujeres; en estados como California, Texas y Nuevo México la cifra se eleva hasta la mitad de las chicas en edad escolar.[1] Y de todas las mujeres latinas del país, 64 por ciento son mexicanas.

No es de extrañar entonces que el futuro de las latinas en general, y de las chicas de origen mexicano en particular, sea relevante cuando se piensa en el futuro de Estados Unidos. Sin embargo, en términos de educación, son pocas las jóvenes de este perfil que llegan a la universidad: menos del ocho por ciento de los títulos universitarios que se expiden en Estados Unidos corresponden a chicas latinas. El acceso a la universidad sigue siendo un reto para ellas y por tanto su futuro se adivina limitado.

Ana Elena Soto se dio cuenta de esto y, como mexicana en Estados Unidos, puso manos a la obra para revertir la limitación, una chica a la vez. En febrero pasado logró que siete familias mexicanas y sus hijas consideraran la posibilidad de seguir estudiando después de graduarse de la preparatoria: les dio información sobre apoyos financieros, procesos de solicitud y opciones en diferentes áreas. El próximo año, y los que siguen, Ana Elena va por mucho más.

***

Ana Elena llegó a Estados Unidos en mayo de 1999, tras contraer matrimonio con Easton Harrison, cuyo apellido adoptó después de que se casaron. Se conocieron en la Ciudad de México, mientras Easton pasaba una temporada ahí por motivos de trabajo. Un día, caminando por Paseo de la Reforma, vio a una chica que le llamó la atención; la chica era Ana Elena. Decidió hablarle y así inició una amistad que terminaría en noviazgo, y más tarde en boda.

Después de casarse, la pareja se asentó en Houston, Texas, debido a que en esa ciudad residían los cuatro hijos del matrimonio previo de Easton. Ahí vivieron tres años, pero, debido a los requerimientos laborales de él, vendría una serie de mudanzas en los años por venir: Boise, Idaho, donde vivieron tres años y donde nació la primera hija de la pareja, Rosana. Después, la ciudad de Sandy, en el estado de Utah; ahí vivieron dos años y nació Gabriel, su segundo hijo. Siguió en el itinerario la ciudad de Sparta, New Jersey, donde vivieron su temporada más larga, del 2004 al 2013. Finalmente, desde hace cuatro años, los Harrison viven en Longmont, Colorado; una pequeña ciudad de 86 mil habitantes -de los cuales, una cuarta parte son latinos-, ubicada a 53 kilómetros de Denver, la capital estatal.

La experiencia migrante de Ana Elena habiendo vivido en estos sitios tan diversos le da un conocimiento de Estados Unidos que resulta fascinante cuando uno charla con ella. Ana Elena y yo nos conocemos desde hace décadas, cuando estuvimos juntas en la escuela en la Ciudad de México. Desde entonces la imagen que tengo de ella es la de una mujer cálida, amorosa, sonriente, con un sentido del humor espontáneo y con particular sensibilidad para conectar con la gente. A principios de 2017, después de más de 20 años sin estar juntas -salvo en una ocasión, en un evento de nuestra generación-, nos volvimos a encontrar en Los Ángeles. Ana bajó de su auto junto con su familia: Rosana, una hermosa jovencita de 15 años; Gabriel, muy alto para sus 14 años pero aún con cara de niño, y Easton, el esposo "gringo" de quien Gabriel heredó la estatura; todos son bilingües y Ana procura hablar a sus hijos en español. La calidez y la sonrisa con las que recordaba a mi amiga -figura llenita, el pelo rizado de siempre, los ojos color avellana chispeantes, amables- se acentuaron con los años y se reflejan en su vida familiar.

-Houston para mí fue lo más difícil -me contó Ana semanas después vía Skype, cuando, tras conocer su historia, decidí que valía la pena contarla-.Yo acababa de dejar mi trabajo, mi familia, todo lo que yo tenía en México, y llegué a un departamento chiquito, sin muebles, con una tele y una cama y nada más, en un país nuevo. Mi inglés no era muy bueno pero yo siempre he sido muy sociable, así que para mí lo más difícil era estar en casa.

Ana recuerda su primer episodio de discriminación en Estados Unidos justamente ahí, en Houston. Un fin de semana Easton y ella llegaron a comer a un restaurante de mariscos más o menos lujoso. Easton domina el español, así que se pusieron a conversar en este idioma, y pocos minutos después notó que uno de sus vecinos de mesa se encontraba visiblemente incómodo por esa razón.

–No puedo decirte si fue coraje o miedo o pena lo que sentí al hablar en mi idioma, por la cara que puso este hombre. Sentir que no encajas, la actitud de "no me gusta que hables en ese idioma porque estás en mi país", el lenguaje corporal, la mirada, todo. No hice escena, nos fuimos. Easton me apoyó, él iba a decir algo pero yo le pedí que nos fuéramos; ahí le tuve que transmitir lo que uno siente cuando sabe que no es bienvenido, algo que él no va a sentir jamás porque es güerito.

Aunque el episodio fue duro, ese fue prácticamente el único que enfrentó Ana durante su vida en Houston. Sobre su estancia en Utah y Colorado, me cuenta, la experiencia fue similar en ambos estados: gente trabajadora, originaria de Zacatecas, de Durango, del campo o de las rancherías, con un nivel de educación básico.

–En Utah pude conocer a gente que cruzó indocumentada por la frontera. Recuerdo a una mujer que me impresionó mucho; cuando la conocí, me dijo: "Yo un día voy a tener mi Cadillac rosa como los de Mary Kay" –la línea de cosméticos que asigna uno de estos vehículos a sus vendedoras estrella–. Veinte años después, la mujer tiene su *caddy.* No solo la hizo; la mega hizo.

La situación fue ligeramente diferente en Dover, New Jersey, donde por un tiempo convivió con un círculo de amigos en el que había muchas familias mexicanas, pero con un nivel socioeconómico diferente a lo que había experimentado en Utah, o al que había en otras comunidades de mexicanos en el área. La mayoría de quienes integraban las familias con las que entabló amistad eran parejas profesionistas que habían dejado México por una buena oferta de empleo en Estados Unidos. En este ambiente, Ana se sintió cómoda: familias que estaban criando a sus hijos con los valores típicos de las familias mexicanas.

–Hay una comunidad fuerte en Dover que es completamente hispana. Es el sitio al que vas para enviar tus giros a México y sabes que el dinero le llega sin problema a tu familia; o donde puedes ir al mercado y encontrar tus nopalitos. ¿Y sabes qué le da fortaleza a esas comunidades involucradas? Que los niños juegan futbol en YMCA, en el parque con los *scouts*, y sus familias participan en el *brunch* de su iglesia los domingos. Encontré una comunidad bien compenetrada con la sociedad estadounidense. Supongo que eso se debe a que está cerca de Nueva York, y por tanto New Jersey tiene una influencia por la forma en que ha incorporado lo mismo a italianos que puertorriqueños, ecuatorianos o salvadoreños. Hay una convivencia más sencilla, que reconoce tu cultura, tu comida, y en general manda un mensaje de que eres bienvenido.

Durante sus años en Texas y Utah, en su época de cambiar pañales, a Ana le resultaba complicado trabajar o participar en alguna otra actividad; pero activa como ha sido toda su vida, y cuando sus hijos estuvieron un poco más grandes y ya vivían en New Jersey, Ana empezó a trabajar como voluntaria a la escuela de sus hijos; Rosana ya estaba en cuarto año y Gabriel en tercero. Pensaba que, si empezaba a relacionarse con la gente, tal vez en el futuro la escuela la podría contratar como maestra, y cuando planteó su propuesta, la aceptaron: no era descabellada su idea de enseñar español a los niños de primaria. En 10 clases de la escuela las maestras se organizaron para hacer sesiones de 40 minutos dos veces por semana.

–Fue padrísimo, el ego me subió a mil –recuerda emocionada–. Me di cuenta de que sí se podía, de que sí estaban interesados. Encontré mucha gratitud, mucha disposición. Esa sorpresa con la que los niños ven el mundo también la encuentran en el idioma, se sorprenden con lo que pueden hacer. Empiezan diciendo: "Yo puedo hablar español", aunque no tenían idea de lo que estaban diciendo –ríe–. Descubrí mucha hambre de saber.

Por supuesto, el buen juez por su casa empieza. A diferencia de lo que vivió en aquel restaurante de Texas, Ana me dice que ni ella ni sus hijos tuvieron alguna mala experiencia durante los años en los que trabajó como voluntaria de clases de español en la escuela primaria a la que acudían ellos en New Jersey. Y como ocurre a muchos chicos de segunda generación, también sus hijos han tenido que utilizar su bilingüismo para ayudar a otros: a Rosana en una ocasión la llamaron de la enfermería de la escuela para que le tradujera a una enfermera la situación de una niña que solo hablaba español.

En su labor de dar clases en español, a Ana no le pagaban un salario, pero se dio cuenta de que la gente verdaderamente apreciaba el valor de ser bilingüe; cuando anunció que se mudaría a Colorado, hubo papás que le enviaron mensajes de agradecimiento y recibió más de 300 cartitas de sus alumnos.

–Eso también dice mucho, porque existe la demanda pero no existía la oferta por parte de la escuela –me dice Ana–. Rosana está orgullosa de hablar español. Esta generación es muy diferente a otras donde estaba prohibido hablar otro idioma. La apertura está ahí. En estados como Colorado, por ejemplo, que son *swing states* [estados que no son marcadamente demócratas ni republicanos] son muy maleables. Ahí se puede hacer mucho.

Cuando Ana llegó a Colorado, pronto empezó a relacionarse con otras mamás del área, y una de sus vecinas la invitó a participar en un grupo, la Philantropical Eduacational Organization (PEO), una organización internacional que tiene como misión mejorar las oportunidades educativas para mujeres, y también promover su incidencia en el arte y la cultura.[2] "Para dejar su huella", me explicó.

Ana se sumó gustosa al grupo, y con ello empezó el camino para dejar su propia huella entre una nueva población: las chicas de familias mexicanas de Longmont.

***

Cuando se habla de mujeres latinas en Estados Unidos, se habla de un grupo diverso en muchos sentidos. Los tres "subgrupos" más grandes de mujeres latinas son mexicanas –conforman el 64 por ciento–, seguidas de las puertorriqueñas y centroamericanas, con nueve por ciento cada uno. La suma de estos tres grupos compone más del ochenta por ciento de todas las latinas que viven en Estados Unidos,[3] y se caracterizan por tener niveles de ingreso y educación más bajos que el promedio de la población en general[4] –aunque otros grupos con menor población, como los cubanos, que conforman el cuatro por ciento de los latinos, o los sudamericanos, con el seis por ciento, tienden a encontrarse en mejor situación.

Esto es importante porque no todas las latinas se encuentran distribuidas de igual manera a través del país. El suroeste de Estados Unidos tiene muchas más latinas de origen mexicano, mientras que en sureste se concentran las de origen cubano y sudamericano. El noreste tiende a ser de puertorriqueñas y dominicanas –las dominicanas componen el tres por ciento de la población total de mujeres latinas–, y en el medio oeste, los grupos dominantes son de mexicanas y puertorriqueñas.

Aunque en todos los casos el idioma común es el español y existen varias referencias culturales compartidas entre las diferentes nacionalidades, los patrones de inmigración han tenido variaciones importantes tanto por lo que respecta al momento en el que llegaron a Estados Unidos como a las condiciones en las que lo hicieron; no son los mismos motivos los que han hecho migrar a alguien de México, que a alguien de El Salvador o a alguien de Cuba, y las leyes de inmigración en Estados Unidos tienen previsiones distintas para cada comunidad –por muchos años, la ley "pies mojados, pies secos" para los cubanos; desde hace algún tiempo el TPS para los salvadoreños; y para los mexicanos, ni siquiera el derecho a un proceso de deportación ante un juez si son atrapados en la frontera, debido a un acuerdo binacional que permite la repatriación inmediata a México–.

Con estos antecedentes, es natural que no todas las mujeres latinas compartan las mismas experiencias, tengan los mismos antecedentes o las mismas necesidades u oportunidades; pero, dado el gran porcentaje de latinas que proviene de grupos en desventaja económica, en términos generales este grupo continúa teniendo menos alternativas económicas y educativas que la mayoría de los miembros de la sociedad estadounidense. De esta manera, aunque algunos padres de las chicas latinas tienen grandes aspiraciones para que sus hijas vayan a la universidad y puedan emprender una carrera profesional, los jóvenes latinos son de hecho quienes tienen la probabilidad más baja de obtener un grado universitario.[5]

Es fácil encontrar parte de los motivos de la brecha en los logros educativos entre latinas y las chicas de otros grupos étnicos en la pobreza y las desventajas sociales en las que han vivido las primeras: una de cada cuatro latinas vive por debajo de la línea de pobreza y más de la mitad con un ingreso muy bajo. En 2014, para ser considerada en el rango de pobreza, una familia de cuatro integrantes tenía que vivir con menos de 24 mil dólares al año. Para quienes viven en países como México, El Salvador o Cuba, esto puede ser una fortuna, pero en algunas de las grandes ciudades de Estados Unidos eso apenas cubre el costo de un apartamento de dos habitaciones y sus servicios. La comida nutritiva, el transporte, el cuidado infantil para que los padres trabajen, la ropa, las medicinas y la atención médica no tienen lugar en presupuestos tan apretados, y ni hablar de libros o materiales educativos.

Los niños y las niñas latinos son también los que menos reciben educación preescolar.[6] En 2012, 63 por ciento de los niños latinos de tres y cuatro años no acudían a la educación preescolar, en comparación al 51 por ciento de los niños blancos y afroamericanos en la misma situación. Si se combinan todos estos factores, muchos chicos latinos llegan a la escuela primaria con desventajas académicas con respecto a sus compañeros de otros grupos étnicos.

Además de la falta de educación temprana, el asunto del idioma se suma a esta carrera de obstáculos. Cerca de la mitad de todas las niñas latinas en Estados Unidos entran a la escuela teniendo el español como primer idioma. El problema es que, a pesar de su historia de migración y de que existen avances en muchas áreas a este respecto –sobre todo en esos estados del suroeste, como California, en donde los materiales oficiales suelen imprimirse en varios idiomas–, en lo que respecta a la educación básica se tiende a "solucionar" la falta de dominio del idioma inglés, lo que suele retrasar su progreso académico, en lugar de reconocer las habilidades que tiene el alumno en su idioma natal y convertirlo en un activo.[7] Mientras otros niños están aprendiendo en el programa regular, muchas niñas latinas aún están aprendiendo inglés, encima de todas las desventajas antes mencionadas.

Con este panorama enfrente, Ana empezó a involucrarse en el proyecto al que fue invitada y descubrió cómo el grupo trabajaba en temas de comunidad, salud y recreación, con programas específicos como la entrega de comida a *homeless* durante el invierno o los círculos de lectura. Lo que más le sorprendió es que de inmediato se sintió bienvenida y que les gustó el hecho de que fuera de México. No pasó mucho tiempo cuando uno de los *chapters* vecinos de la organización le dijo que necesitaban trabajar con una persona cuyo idioma natal fuera el español para participar en una conferencia educativa de formación para que las chicas vayan a la universidad: necesitaban la traducción de un manual.

Ana titubeó un poco, ya que, aunque su inglés es bueno, sentía que había detalles técnicos en los manuales que al momento de hacer la traducción podrían perderse, pero con la ayuda de Easton y con la conciencia de que este trabajo importaba, lo hizo. En los folletos se indicaba a las madres de familia cómo tener acceso a un crédito educativo y a otros apoyos financieros para estudiantes. Más adelante tradujo también la agenda del evento y los formatos de encuesta que se dan a quienes asisten para su evaluación. Lo que siguió de manera casi natural fue que Ana se sumó al equipo que buscaba invitar a gente de habla hispana para que acudiera a la conferencia educativa.

La tarea le entusiasmó. Lo que tenía que hacer era realizar presentaciones ante padres, pero sobre todo madres de familia, y explicar el origen, el motivo y la misión de la conferencia. El primer espacio que se le ocurrió fue el templo de San Juan Bautista, al que acude cada semana y al que asiste un elevado número de población latina; se acercó a la administración y preguntó si le permitirían hacer una presentación. La respuesta fue positiva y reunió a un grupo de 40 jóvenes y padres de familia hispanos un miércoles, a tres semanas del evento.

–Yo empecé con la intención de decirles que todos queremos un buen futuro para nosotros y que sabemos que eso tiene que ver con el nivel de educación que tenemos. Y si los hombres y las mujeres se ponen a pensar parejo en que tienen que sacar una carrera adelante, hay oportunidad de avanzar. Las chavas, cuando las escuchas hablar, tienen como tema con quién andan, con quién se van a casar, siendo chicas de preparatoria. Y los papás, no sé si es la cuestión de que sean de provincia, pero piensan en que quieren un buen partido para su hija: uno al que no le guste mucho el alcohol, no tanto que tenga un grado universitario. Pienso que en algunas familias mexicanas aún existe la idea de que deben prevenir que las hijas resulten embarazadas fuera del matrimonio; aspiran a que acaben la secundaria, y si acaban la preparatoria y no se han embarazado, ya es ganancia.

Aunque esta apreciación suena dura, las estadísticas la sustentan. A pesar de que en los últimos años las chicas latinas han tenido un progreso notable en sus índices de ingreso a la preparatoria, la brecha sigue siendo amplia: una de cada cinco latinas de entre 25 y 29 años de edad no se han graduado de este nivel, comparado con la estadística de una de cada 12 entre las mujeres de otros grupos étnicos. Más aun: 36 por ciento de las chicas latinas que dejan la preparatoria sin terminarla dijo haberlo hecho como resultado de un embarazo.

Con respecto a la graduación de la educación superior, también hay progreso, pero sigue habiendo diferencia con respecto a otros grupos étnicos: en 2013, 19 por ciento de las latinas de entre 25 y 29 años habían obtenido algún grado de educación superior, comparadas con 23 por ciento de las afroamericanas, 44 por ciento de las anglosajonas y 64 por ciento de las asiáticas. Con respecto a un posgrado, solo cuatro de cada 10 latinas terminan una maestría, comparadas con cinco por ciento de las chicas negras, 11 por ciento de las blancas y 22 por ciento de las asiáticas.

–Las chicas en algún momento de la presentación se quedaban calladas –recuerda Ana–. Yo les dije: necesito escuchar qué piensan, cuáles son sus prioridades, sus expectativas, sus sueños. Me respondían que acabar la preparatoria y luego tener un empleo en Kohl's [una tienda de autoservicio], lo cual no está mal, pero ahí me di cuenta de que el techo para ellas es tener la preparatoria terminada y a partir de ahí es cuestión de suerte si pueden ir a la universidad o no, así que traté de orientar la charla hacia qué queremos hacer en nuestra vida, pero además qué tanto podemos hacer. Y si les planteas que podrían ir a la universidad, se les activa el chip. Te dicen: si se puede, estaría muy bien.

La presentación de Ana funcionó tan bien que las chicas empezaron a entusiasmarse con la idea de acudir a la conferencia y a preguntar si podría ir su mamá, su tía, su madrina, y cuál era el costo. Los papás también mostraron interés: desde el momento en el que les dijo que este era un movimiento de mujeres para apoyar el desarrollo de otras mujeres que quieren destacar en la educación y los negocios, empezaron a hacer preguntas.

En realidad lo que a Ana le funcionó fue compartir su propia experiencia con las familias que asistieron al lugar. Les dijo a los papás que ella, como ellos, venía de un lugar diferente; llegó a Estados Unidos y encontró un lugar que no tiene nada que ver con lo que ella tenía en su memoria. Les dijo que ella también ha tenido que aprender a través de sus hijos cómo se hacen las cosas: las matemáticas pueden ser lo mismo aquí y allá, pero el sistema en la escuela no es el mismo y ella ha tenido que reeducarse a través de ellos. Que el proceso de hacer exámenes para entrar a la universidad y la búsqueda de financiamientos también le resultaban completamente nuevos, y que le parecía algo difícil. Y que gracias a esta conferencia, ella pudo conocer a otros papás, y que ahora sabía cómo se hacen las cosas.

La respuesta fue emotiva e incluso un poco inesperada para Ana. Muchos papás reconocieron su temor porque ellos en México solo estudiaron hasta secundaria. Le preguntaron qué pasaría si no podían pagar los 45 dólares del registro para la conferencia ese mismo día –la conferencia tenía 10 becas para ofrecer a gente con escasos recursos; siete de ellas fueron para las familias reclutadas por Ana–, y le agradecieron poder tener acceso a esta información en español.

La conferencia se realizó el 25 de febrero de 2017, en un colegio comunitario de Longmont. En total asistieron 44 padres de familia, incluyendo los reclutados por Ana. Durante seis horas presentaron a cinco ponentes en inglés y a cuatro que hablaron en español sobre cómo crear buenos hábitos para un estudiante exitoso; finanzas y seguridad dentro del campus, y cómo lidiar con el "nido vacío" cuando los hijos se van a una universidad lejos de casa. Para las niñas hubo charlas sobre cómo prepararse para su entrevista para entrar a la universidad, o cómo encontrar lugares para divertirse de manera segura.

–Fueron solo siete familias, pero llegaron a la conferencia llenas de agradecimiento, y se podía ver a través de ellas la avidez, el deseo de saber más, de querer más para sus hijas. A las mamás les preocupa que sus hijas se están convirtiendo en señoritas, que ya tengan novio. Me decían cosas como: "Yo a mi hija le he dicho que, si quiere ser pediatra, tiene que trabajar duro, que se olvide de los novios". Son mujeres de Durango o de Zacatecas, que vienen de un pueblo y se la han partido por su familia, que a veces no tienen pareja, pero que tienen como común denominador el deseo de que sus hijas vayan a la universidad. Pueden ver el valor, la vida diferente que les puede dar la educación. Yo creo que muchos de esos papás no habían tenido oportunidad de pensar en el futuro de sus hijos a mediano plazo y con esto lo anticipamos un poco. Y definitivamente el hecho de que la información esté en español los hace sentir más cómodos: si esta señora habla mi idioma, puedo preguntar lo que sea; aunque algunos son bilingües porque llevan mucho tiempo viviendo en Estados Unidos, siempre hay más confianza si hablas con alguien que viene de donde vienes tú. El tono fue: aquí nadie sabe todo porque somos gente que venimos de un lugar donde las cosas se hacen diferente. No es solo el idioma, es la paternidad y la maternidad; ¿quién lo sabe todo?, si por más manuales que nos den, todo el tiempo estamos aprendiendo.

Los comentarios para Ana fueron todos de gratitud. Ella moderó y tradujo en el salón de padres de familia. Hizo énfasis también en que tal vez no todo el mundo desea, o está diseñado, para estudiar una carrera profesional; para eso están las opciones de carrera técnica.

–La cosa es no quedarte en el embudo de que, si no es para acá, no es para ningún lado. Una de las ponentes contó cómo instaló su salón de belleza con un *spa*, porque cuando su papá le dijo que quería que siguiera estudiando, ella decidió que estudiaría algo corto para poner su negocio; y eso es válido también, desde luego.

Ana rebosa de satisfacción cuando habla de los resultados de su primera participación en la conferencia, pero también habría deseado que hubiera más gente, así que su objetivo es que el año siguiente, y el que sigue, el número de participantes crezca. Ha hecho una evaluación para ver qué le puede funcionar mejor; hoy sabe que requiere de un poco más de tiempo para hablar con los padres, sobre todo con aquellos que no están en el momento de tomar una decisión inmediata para sus hijas porque apenas van empezando la preparatoria. Su objetivo es decirles: sin demeritar la actividad de nadie, las chicas tienen un gran número de opciones para construir su vida además del matrimonio o de un empleo en una tienda.

–Lo bonito y lo fascinante del proyecto es que en el futuro podemos educar a nuestra gente a través de las iglesias y centros de recreación, incluso de los restaurantes mexicanos: jalar a esos jóvenes y concientizarlos de que hay mucho más allá de la preparatoria.

***

La noche del 8 de noviembre de 2016, mientras los resultados de la elección presidencial iban cayendo y resultaba evidente que Donald Trump había ganado, los grupos demográficos que el magnate volvió el blanco de sus ataques durante su campaña sentían cómo el peso de los siguientes cuatro años empezaba a cernirse sobre ellos. Y de entre todos, un grupo de casi dos millones de personas se convirtió en el más vulnerable: los jóvenes inmigrantes indocumentados, la mayoría de ellos mexicanos, conocidos como *dreamers*.

Estos chicos que llegaron al país siendo menores de edad fueron golpeados por los comentarios que hizo Trump en los meses previos a la elección debido a su origen y a su estatus migratorio –por ser inmigrantes, por ser latinos, por ser mexicanos, algunos de ellos por ser musulmanes–, pero también recibieron una amenaza directa: la protección temporal que les dejó el gobierno de Barack Obama, conocida como DACA, sería removida por Trump a su llegada a la presidencia, dejando a estos jóvenes nuevamente sin acceso a la educación superior, y en un limbo legal que los volvería inmediatamente deportables.

Cuando conversé con Ana Elena sobre el asunto, cuatro meses después de la toma de posesión, Trump aún no había ejercido ninguna acción que retirara la protección a los chicos; analistas políticos coincidían, hasta ese momento, en que la nueva administración se guardaría ese as bajo la manga para, llegado el momento, utilizarlo para negociar otros temas difíciles ante el Congreso.

Mientras congresistas y funcionarios electos juegan a la política con la vida de millones de personas, el temor por lo que podría ocurrir a quienes hoy se encuentran indocumentados tiene a mucha gente en vilo.

–Hoy están temerosos. No están paralizados, pero sí a las vivas, en suspenso –me dijo Ana sobre su percepción en Colorado. Para muestra, me contó una historia–. La pareja que trabajaba limpiando nuestra casa ya no da la tarjeta de su negocio a nadie porque no tiene papeles. Les preocupa que descubran que trabajan con un número de Seguro Social falso. La señora me dijo: "Queremos comprar nuestra casa, podemos pagar en efectivo, pero ¿cómo vas a tener crédito si no existes como persona?". Si eres un fantasma que aporta impuestos, que genera una ganancia, que está trabajando, pero no tiene opciones. Están colgados de la esperanza de que estos cuatro años pasen rápido para hacerse de su casa a través de un amigo que les ayude con el papeleo. Tienen la solidez financiera para empezar a construir un patrimonio, pero temen que, si cae una redada y los deportan, pierdan todo.

Ana me contó que esta pareja tiene tres hijas, y las tres son *dreamers*. Una está acabando la carrera de enfermería, a sabiendas de que, si la protección que otorga DACA es revertida, no podrá ejercer su profesión. Siendo una persona que llegó a Estados Unidos con el privilegio de una *green card*, la tarjeta de residencia estadounidense, Ana se desespera por no poder hacer nada por esta familia; se indigna aún más.

–Es gente que vive como en un submarino, bajo el agua todo el tiempo; no se les ven las caras, no se les ve el color de piel, y son gente súper chambeadora. Un día le pregunté a ella: "¿Se regresarían a México?". Y me dijo: "No, nuestra vida está aquí, nuestra nieta, nuestra historia, parte de nuestra familia está acá;

no hay vuelta pa'tras". Esa es la mecánica que mucha gente vive, y no sé si yo me atrevería a hacerlo. Tienes que tener cojones para hacer tu vida en otro país, pero tienes que tenerlos más inflamados para hacerlos sin documentos. Trump tiene que acercarse a esta comunidad nuestra que asume conocer, pero que realmente no conoce. Sería muy bueno que pudiera ver desde nuestra perspectiva lo que nuestros jóvenes y nuestras jóvenes tiene para aportar a este país, que es mucho. Entender cómo vivimos, los valores que tenemos; ver nuestros talentos y darnos chance de brillar.

12. El sueño de ser abogado

Daniel Rodríguez, 31 años

Monterrey, Nuevo León/Phoenix, Arizona

Daniel Rodríguez es abogado de migración y derecho familiar. Aunque en Estados Unidos, y principalmente en los estados fronterizos con México, es muy común este tipo de especialidad entre quienes litigan, el caso de Daniel es extraordinario: hasta mayo de 2017 era el único inmigrante indocumentado en el estado de Arizona que logró conseguir una licencia para ejercer.

La lucha por llegar a la corte y para tener su propio despacho de abogados empezó desde que Daniel era un niño. Con una historia familiar binacional, como la de muchos migrantes, la familia de Daniel ha vivido en ambos lados de la frontera y esto marcó la forma en que entiende el mundo y la forma en la que el mundo los ha visto a ellos.

Aunque desde niño sabía que el Derecho era a lo que quería dedicarse, las leyes y la situación económica de su familia representaban una carrera de obstáculos para cumplir su sueño.

Daniel decidió emprender la carrera, y al mismo tiempo ir quitando obstáculos para otros chicos binacionales que vienen atrás de él. Hoy su trabajo consiste en eliminar algunas de esas dificultades para ellos frente a los jueces de inmigración de Estados Unidos.

***

La abuela materna de Daniel Rodríguez nació en el estado de Texas, donde aún está una parte de su familia. Cuando habla del tema, Daniel –esbelto, cabello obscuro, rostro enmarcado por la sombra de barba y bigote, ojos rasgados, mirada afilada a través de los anteojos– explica que su familia pertenece a ese grupo de personas que, habiendo vivido ahí por generaciones, no cruzaron la frontera, sino que la frontera los cruzó a ellos, en alusión a la anexión de Texas y otros estados que eran mexicanos al territorio estadounidense en 1845. Cuando la abuela se casó con el abuelo, ambos se mudaron a la ciudad de Monterrey y se asentaron ahí.

La madre de Daniel fue una de 14 hijos; fue la primera mujer de la familia que acabó la preparatoria, obtuvo una certificación como secretaria y conoció al padre de Daniel. La relación entre ambos no era buena, y un buen día la madre decidió que lo dejaba todo y se iba con sus hijos a Estados Unidos: una prima suya que vivía en Phoenix supo que la situación para ella era insostenible y le ofreció su ayuda.

–Fue algo no muy planeado, yo no recuerdo conversaciones al respecto –me dice Daniel cuando recuerda el momento; él tenía siete años. Me reuní con él y con Luis Ávila, ambos dedicados al activismo, en la ciudad de Phoenix, en una cafetería llamada Fair Trade Cafe, que se ha convertido en sitio de encuentro de quienes se dedican a la defensa de derechos humanos en Arizona–. Nos fuimos un fin de semana, cruzamos la frontera; yo no me acuerdo mucho de haber cruzado, excepto que para mí fue como un *hike*, escalar una montaña, es lo único que recuerdo.

Cuando la familia llegó a Phoenix se instaló en el garaje de la prima. La madre de Daniel pasó de tener su casa, una carrera, su familia, a perderlo de un día para otro. Empezó a trabajar limpiando baños y oficinas, y lidiando con la rebeldía de Daniel, quien resentía el cambio.

–De chiquito siempre estaba enojado, tenía una inquietud y al principio dirigía eso hacia mi mamá porque no entendía lo que estaba pasando. Estaba enojado con ella por lo que yo sentía que me había hecho, que nos había hecho a todos; perdí mis juguetes, mis amigos, todo. De vez en cuando lo platicábamos y su respuesta siempre era "concéntrate en tus estudios y sé buen niño". Crecí en Phoenix como cualquier otro latino y fue hasta la preparatoria que empecé a entender lo que implicaba ser indocumentado.

Este hecho, el de no ser completamente consciente de lo que representa carecer de documentos para vivir legalmente en el país hasta que se está a punto de ir a la universidad o buscar un trabajo, es una constante en los chicos que llegaron al país siendo menores de edad y que vivieron su infancia y adolescencia como cualquier otro chico estadounidense, concentrándose en sus estudios y siendo "buenos niños", como pedía la mamá de Daniel. Hasta que un día descubren que, aun habiendo cumplido con las expectativas de sus padres, las puertas están cerradas.

Estando en la preparatoria, Daniel acudió con su consejera y le preguntó qué era lo que tenía que hacer para ir a la universidad, porque se encontraba en una situación difícil: su madre había tenido un accidente en su lugar de empleo, una empacadora de carne; se lastimó la espalda y no se podía mover. Daniel entendió que él tendría que hacer algo para apoyar a su madre, y claro, recordó lo que se le dice a todos los chicos: si vas a la universidad, conseguirás el sueño americano. Cuando explicó su situación a la consejera, esta le respondió tajantemente: personas como tú no pueden ir a la universidad.

–Yo dije: "Ah, pues ok". Estaba en el segundo año de la preparatoria y decidí que entonces buscaría trabajo. A un lado de la preparatoria estaba un restaurante; fui, les dije: "Necesito un trabajo, ¿tienen puestos abiertos?". Me dijeron: "Sí, necesitamos una persona para lavar platos"; así que llené la solicitud, el gerente me entrevistó y me preguntó cuál era mi número de Seguro Social. Yo le dije: "¿Qué es eso?", y él me dijo: "Empiezas mañana" –ríe mucho–. No hubo problema.

Daniel empezó a trabajar y en algún momento decidió que dejaría la escuela: si la persona encargada de aconsejarlo le había dicho que no podría ir a la universidad, ¿para qué seguir estudiando? Mejor trabajar y ayudar a su familia. En esas estaba, cuando ocurrió lo que él describe como "una intervención divina": otra consejera de la escuela, Donna Bartz, entró en escena para cambiarle la vida. Era el año 2002.

–Me dijo que tenía conocimiento de nuestra situación. El Dream Act, la iniciativa de ley para regularizar a jóvenes indocumentados que llegaron al país siendo niños –y que a la fecha no ha sido aprobada–, tenía un año de haber sido presentado y se estaba hablando más del tema. Me preguntó si quería ir a la universidad, y cuando dije que sí, me ofreció que hiciéramos un plan. Me dijo que preparara mi currículum y que empezara a involucrarme en todas las actividades que pudiera, que hiciera servicio comunitario, que hiciera trabajo voluntario.

Daniel empezó el tercer año de preparatoria siguiendo el consejo de Bartz: fue presidente de MEChA,[1] la organización de estudiantes mexicoamericanos que tiene sedes locales en varios estados del país; fue presidente del Latin American Club y de la organización de estudiantes afroamericanos, llamada The National Black Student Union.[1] Al mismo tiempo, empezó a colaborar en el periódico escolar.

Una de las primeras notas que escribió para este medio tuvo que ver con una visita que hizo Daniel a la Legislatura de Arizona en 2003, en calidad de presidente de The Black Student Union. En esa ocasión tuvo la oportunidad de entrevistarse con Leah Landrum Taylor, la única representante afroamericana en la Cámara Baja estatal. Landrum Taylor hablaba de un grupo de personas que había sido llevada a Estados Unidos con engaños, que fueron forzados a trabajar, recibieron mal trato toda su vida y seguían peleando para ser considerados estadounidenses con todo el derecho.

–Y yo oí esa historia y pensé: "esa es mi historia, la historia de mi familia, de mi gente; es mi historia" –me dice Daniel con mucha emoción–. Y es ahí cuando yo empecé a ver mi historia como *dreamer*; no fue por MEChA, no fue por la lucha proinmigrante: yo descubrí mi historia como *dreamer* por la historia de los afroamericanos en este país.

Daniel siguió trabajando y empezó a prepararse para llegar a la universidad, y también comenzó a involucrarse en los temas migratorios. Recuerda que en una ocasión, ya en 2004, Ernestina Reyes, la maestra que coordinaba los trabajos de MEChA, le dijo que tenía que estar preparado, porque venían tiempos difíciles para la comunidad inmigrante sin documentos. "Necesitan personas como tú, que estén afuera y que sean líderes", le dijo. Daniel asumió el rol. Obtuvo una beca Fullbright y otra beca de un fondo privado, de manera que tenía todo para ir a la escuela y no preocuparse por nada más. En su primer año en la Universidad Estatal de Arizona (ASU), el tema migratorio estaba en plena ebullición, George W. Bush se encontraba en campaña para ser reelecto, y desde México llegaba el tufo a impunidad por los casos de las mujeres asesinadas en Ciudad Juárez.

Todo esto fue como una preparación para lo que vendría en 2006. Ese año, en Arizona fue aprobada la Propuesta 300,[2] una iniciativa que prohibía que los estudiantes que no pudieran probar su ciudadanía o residencia legal en Estados Unidos recibieran apoyos financieros estatales o federales para acudir a la universidad; además, les sería requerido pagar colegiaturas como extranjeros, considerablemente más elevadas que las tarifas regulares. A esto se sumó la muerte de la maestra Reyes, muy apreciada por Daniel. Cuando Daniel supo que su mentora había fallecido, la rabia y la pasión que solía sentir de niño regresó, y decidió ponerlas en acción.

Daniel empezó a ir a juntas con activistas que llevaban ya algunos años organizando a la comunidad sobre temas de inmigración; lo dejaban escuchar todo, pero podía participar poco. Y ahí se dio cuenta de que cuando acudía a esas juntas, él era la única persona menor de 30 años y era el único inmigrante indocumentado. Se involucró también con la Coalición Somos América, que organizó las grandes marchas proinmigrantes de 2006 en ciudades como Los Ángeles, Chicago y Phoenix, pero aun así la sensación de frustración persistía.

–Yo decía: ¿dónde están mis amigos? ¿Por qué ellos no están aquí? Ahí decidí que iba a organizar estudiantes yo mismo.

Nuevamente, la coyuntura para tomar la decisión fue la ideal. Cuando la Propuesta 300 entró en vigor, muchos estudiantes indocumentados de ASU perdieron sus becas. Con algunos de estos estudiantes, en 2008 Daniel fundó la organización Arizona Dream Act Coalition, ADAC,[3] que hasta la fecha sigue activa.

Cuando empezaron a sostener sus primeras reuniones, Daniel se dio cuenta de que el enfoque de los participantes se orientaba hacia la lucha por una reforma migratoria integral; sin embargo, él tenía claro desde el inicio que lo que tenían que construir era un movimiento de jóvenes, crear una historia de lucha por el Dream Act. Su idea surgió en la propia universidad, donde Daniel empezó a estudiar literatura inglesa y ciencia política. Por el lado de política aprendió cómo funciona el gobierno, y por el lado de literatura, el origen de la historia americana y la construcción de la identidad estadounidense. A través de las obras que estudió se dio cuenta de la importancia de tener una historia como comunidad que fuera parte de la historia más grande de Estados Unidos.

–Así que empecé a contar mi historia de *dreamer* en eventos, en entrevistas, diciendo que yo era indocumentado, pero incluso desde antes, desde 2005 o 2006. Salía diciendo que no tenía papeles y que, si querían, me podían venir a agarrar. Hacíamos eventos de *coming out*, en la legislatura; creamos una plataforma para decir nuestra historia públicamente y para reconocer nuestra historia, cosa que muchos no habían hecho antes – recuerda. Daniel se refiere al movimiento "*coming out of the shadows*", "saliendo de las sombras", en el que jóvenes indocumentados reconocen públicamente su estatus migratorio para reivindicar su derecho a permanecer en el país de manera regular y con ello presionar a los legisladores para que aprueben una ley en ese sentido.

En 2008, al tiempo que el movimiento *dreamer* se fortalecía, Estados Unidos se encontraba en ebullición con la contienda primaria del Partido Demócrata rumbo a las elecciones de noviembre de ese año. Barack Obama, el *underdog* de la política de grandes ligas, le daba la batalla a una veterana Hillary Clinton a través de su movimiento por el cambio y de su estrategia de campaña a ras de piso, valiéndose de jóvenes voluntarios que fueron conocidos como "los ejércitos de Obama". Es interesante descubrir cómo muchos de los chicos *dreamers* que empezaban a organizarse para defender su derecho a la educación, también decidieron invertir su energía en la candidatura de quien sería el primer presidente afroamericano.

Daniel fue uno de estos chicos. Un amigo suyo, quien es abogado y trabajaba para el gobierno de la ciudad de Phoenix, lo invitó a participar en una reunión en la que estaría el entonces precandidato. A Daniel le impresionó la forma en que Obama hablaba, su capacidad de comunicar y de ser empático, su énfasis en las historias que tenían como protagonistas a gente real, con la que evidentemente el político había estado en contacto. Daniel se sumó a la campaña con los estudiantes de su universidad a través del grupo Young Democrats.

Justo en el mismo 2008, Daniel empezó a ir a la escuela de Derecho: desde que era niño sabía que era eso a lo que quería dedicarse. Sin embargo, con los cambios en la legislación y con la crisis económica que sacudió a Estados Unidos, al cabo de un año perdió las dos becas que tenía. Daniel tenía que reunir de alguna manera 40 mil pesos para sus estudios, más sus gastos cotidianos: libros, comida, transporte y su contribución a su casa. Era imposible que siguiera estudiando. Y como el movimiento *dreamer* repuntaba y la iniciativa de ley SB1070 de Arizona, que criminalizaba a los inmigrantes, se empezaba a discutir, en 2009 Daniel decidió poner en pausa a sus sueños de ser abogado y dedicarse de lleno a la organización activista.

***

El mismo año en que Daniel no podo continuar sus estudios de Derecho en Arizona, en el vecino estado de California el joven Sergio García, entonces de 32 años de edad, presentaba el examen conocido como *Bar*, en referencia a la Barra de Abogados, que certifica a quienes han finalizado sus estudios de Derecho para que puedan obtener la licencia para ejercer profesionalmente. Sergio pasó el examen en el primer intento de un total de tres que tienen los aspirantes; ese año la aprobación entre los solicitantes fue del 49 por ciento.[4] Embargado por la emoción, Sergio recibió su licencia, pero un par de semanas más tarde le fue retirada, debido a su estatus migratorio: Sergio era indocumentado.

La familia García migró de México hacia Estados Unidos cuando Sergio tenía un año y medio de edad, y regresó a su país cuando él tenía nueve. Al cumplir 17 años, Sergio volvió a California. Su padre, trabajador agrícola, presentó la solicitud de residencia permanente para Sergio, una *green card*, en noviembre de 1994. El gobierno federal acreditó la solicitud en 1995, un año antes de que fuera aprobada la ley federal que establece que las agencias del Estado no pueden expedir licencias profesionales –como la de abogado– a quienes se encuentran en el país de manera ilegal.

Esta no debería ser la situación de Sergio dado que su solicitud cumplía con todos los requisitos para otorgarle el estatus de residente permanente, pero la cosa no es tan sencilla: debido al enorme cuello de botella por los casos de inmigración en las cortes estadunidenses, es "normal" que a Sergio le hayan notificado que la fecha estimada de aprobación de su ciudadanía sería en el año 2019, 10 años después de su fecha de graduación. En tanto, él, como miles de personas en la misma situación, viven en un limbo que les impide, entre otras cosas, ejercer la carrera que con sacrificios han estudiado.

Sergio decidió que, si en algún momento debía aplicar algo de lo aprendido en la escuela de Leyes, el momento era este. Así, a principios de 2013 el abogado Sergio García se presentaba en audiencia ante la Suprema Corte del estado de California, para enfrentar, literalmente, el caso legal de su carrera: argumentar a favor de su derecho a conservar su licencia para ejercer profesionalmente.

El caso de García atrajo la mirada del público estadounidense por varias razones. Por una parte, tanto las instituciones académicas en las que estudió —la Universidad Estatal de California en Chico (CSU Chico) y la Escuela de Derecho del Norte de California— como la Barra de Abogados Estatal consideraron que cuenta con las aptitudes para ejercer como abogado; por otra, porque puso de manifiesto las deficiencias del sistema burocrático a cargo de la inmigración en Estado Unidos y la injusticia que genera la aplicación de criterios legales que nada tienen que ver con la realidad de quienes viven en el país. El caso también llamó mi atención, así que durante los días de su litigio me comuniqué con el joven para conocer más detalles sobre su historia.

Sergio tiene voz de abogado. Contesta el teléfono con propiedad, utiliza los términos legales pertinentes para explicar su caso, y es correcto en el trato y cuidadoso en las formas.

–Estoy en un punto bastante dramático –fue lo primero que me dijo cuando empezamos a conversar–. Lamentablemente la Corte actuó de manera completamente cobarde al decir que ellos no pueden hacer nada a menos que la Legislatura de California les abra esa puerta. Bueno, si Dios quiere, los legisladores nos van a apoyar.

García se refería a la respuesta que recibió por parte de la Suprema Corte de California durante las audiencias de su caso. Cuando aprobó el examen de la Barra de Abogados de ese estado en 2009, esta instancia envió la solicitud de licencia a la Corte como parte de un trámite de rutina; pero, al identificar su estatus migratorio, las autoridades a cargo decidieron hacer una revisión.

La ley federal que explícitamente prohíbe que alguien que no tiene un estatus migratorio legal obtenga una licencia para ejercer impide que la resolución sea favorable, le dijeron durante las audiencias; el único elemento que podría favorecer un resultado diferente sería la existencia de una ley estatal que específicamente estableciera la legalidad de otorgar una licencia profesional a un individuo sin importar su estatus migratorio. La audiencia se cerró, y la Corte anunció que en un plazo no mayor a 90 días daría su veredicto.

Mientras conversábamos por teléfono, García iba conduciendo su auto. Se dirigía a la oficina de un asambleísta de California para continuar con la tarea a la que se dedicó durante los días posteriores a las audiencias: movilizar a la mayor cantidad posible de políticos en el estado para lograr las modificaciones legales que requería su caso justo a tiempo para incidir en la resolución de la Corte.

Hasta ese momento el abogado había demostrado su capacidad de negociación: el 6 de septiembre, unas horas después de la audiencia determinante en la Corte, la asambleísta demócrata Lorena González presentó la medida AB1024[5] ante la legislatura local, con apoyo de toda la bancada latina. La presentación de la iniciativa establecía la autorización "a la Suprema Corte para admitir el ejercicio del Derecho a un solicitante que no se encuentre legalmente en Estados Unidos, bajo certificación (...) de que el solicitante ha cumplido con los requisitos para su admisión". Y a unas horas de que la iniciativa pasara a votación, Sergio cabildeaba con los involucrados.

–Les he explicado que solo me queda un año para resolver este asunto, porque el resultado del examen de la Barra tiene validez por cinco años. Les expliqué que para mí esta era una emergencia y es como un milagro que hayan respondido tan rápido, que en unas horas ya esté lista la iniciativa para ser votada, para defender mi sueño americano, –me dijo.

El 12 de septiembre la iniciativa fue aprobada con 62 votos a favor, cuatro en contra y dos abstenciones. De ahí, pasó al escritorio del gobernador de California, Jerry Brown, quien contaba con un plazo de 30 días para firmarla y convertirla en ley, lo que ocurrió el 5 de octubre. El siguiente paso fue un mero trámite: la entrada en vigor de la ley el 1 de enero de

2014, lo que eliminó el obstáculo para que la Corte estatal validara la licencia de Sergio. Un mes después, el 1 de febrero, Sergio se convirtió en el primer abogado indocumentado al que le fue permitido ejercer de manera oficial en Estados Unidos.

Hasta ese momento no existía en ninguna corte de otro estado un caso similar al de Sergio García, de manera que la resolución se convirtió en un precedente para otros casos en Estados Unidos en los años por venir. Y por la relevancia de la decisión, los días posteriores fueron un torbellino para él: la prensa le pedía entrevistas, sus colegas le enviaban mensajes de solidaridad y recibió una invitación para asistir al programa de televisión *The Daily Show* con Jon Stewart, uno de los más populares de la televisión estadounidense. Al sumar a los integrantes de los equipos de abogados que asumieron su defensa en diferentes áreas, hubo cerca de 150 de sus colegas con las manos metidas en su caso. Cuando charlé con él, me dijo que cuatro o cinco de cada 10 personas que lo apoyaban eran ciudadanos anglosajones.

–Creo que lo primero que muestra este caso es que los inmigrantes no solo somos barrenderos, cocineros, trabajadores de construcción, que son oficios admirables y honrados, sino que también tenemos profesionistas que quieren ejercer, que están capacitados y que tienen un sueño por cumplir –me dijo Sergio–. No sabemos cuántos jóvenes más ya están graduados de Leyes o de Medicina sin la posibilidad de ejercer. Resulta hipócrita por parte del gobierno federal poner en alto a los jóvenes indocumentados que desean seguir estudiando y luego oponerse a que reciban una licencia –agregó en alusión al gobierno de Barack Obama, quien durante los ocho años de su mandato manifestó su apoyo a la aprobación de una iniciativa que regularizara a estos jóvenes–. Que nos diga qué es lo que quiere hacer realmente con nosotros.

***

Después de tres años de trabajar en el activismo, en 2012 Daniel Rodríguez empezó a pensar qué haría para regresar a la escuela de Derecho. De acuerdo con las regulaciones de la institución, si ese año no continuaba sus estudios, se anularía la validez del año que ya había cursado. El reto seguía siendo recaudar los fondos necesarios para volver a clases. De pronto, se dio cuenta de algo: como ese año era año electoral –el año en el que Barack Obama buscaría reelegirse–, decenas de políticos aparecían en eventos y actos de campaña pidiendo dinero y apoyo para llegar a un puesto de representación popular con el argumento de que trabajarían por su comunidad. Daniel pensó: si yo también tengo un sueño y parte de ese sueño es apoyar a mi comunidad, ¿por qué no puedo hacer una campaña por mi educación? Daniel le planteó esta idea a su amigo Luis Ávila, con quien llevaba varios años trabajando en la organización activista.

–Le dije a Luis: "Desde que yo tenía siete años quería ser abogado", y él me interrumpió y me dijo: "Ese va a ser el nombre de tu campaña: "*Ever since I was seven*" ("desde que tenía siete años"). Y emprendí la campaña: abrí una página de internet que aún está en línea, organicé fiestas los fines de semana, me reunía en cafecitos con personas invitadas por mis amigos, así como en una campaña política. Era la estructura de una campaña política, pero para mi educación. Y al mismo tiempo, cuando empecé mi campaña, volví a involucrarme en la de Obama. ¡Haz de cuenta que cada vez que yo quería ir a la escuela, Obama quería ser presidente! –dice riendo.

Si en 2008 los activistas por los derechos de los migrantes se sumaron a la campaña de Obama con la esperanza de que se podría lograr la aprobación de una legislación favorable en esta materia, en 2012 la motivación iba más allá: el objetivo era evitar que ganara el candidato republicano, Mitt Romney, con quien no solo no se avanzaría en ese tema, sino que podría representar un retroceso importante. A pesar de que durante los primeros cuatro años de su gobierno Obama no pudo cumplir su compromiso con esta comunidad de aprobar una reforma migratoria o al menos el DREAM Act, gente como Daniel se sumó nuevamente al esfuerzo para garantizar la continuidad de las pocas seguridades con las que contaban las familias con un estatus migratorio irregular.

El 6 de noviembre, el día de la elección, Daniel había estado estudiando para sus exámenes finales, de manera que no pudo involucrarse en los eventos de ese día, pero recuerda el momento en el que el triunfo fue anunciado. El comité de campaña de Obama en Arizona celebraba el evento de la noche electoral en un hotel del centro de Phoenix; ahí, desde la hora en que cerraron las casillas electorales, se dieron cita los activistas e integrantes de la campaña. Por la noche, Daniel se dirigió hacia allá en un autobús, y en el camino iba escuchando los resultados en la radio.

–Iban diciendo los estados, y solo faltaba Ohio, que era el estado que iba a determinar el triunfo. En el autobús íbamos el chofer, yo y un chico afroamericano. Yo estaba oyendo, y ya iban a decir el resultado, y quería llorar, todo un nerd político –dice riendo–. Y estaba solo, todos mis amigos ya estaban allá. Total que fui con este joven porque no quería estar solo en este momento, y le dije: "Oye, ¿quieres oír lo que está pasando con la elección?", y me vio un poco raro, pero le dije: "¡Escucha, está ganando la presidencia!". Entonces se puso el otro audífono y los dos oímos juntos que había ganado Obama. Cuando llegué al hotel, todo el mundo estaba llorando.

Daniel se graduó de la escuela de Derecho en 2014; ahora seguía la lucha para obtener la licencia. En el camino, y porque eso siempre ha sido lo suyo, formó un grupo de *dreamers* que estaban en la misma escuela; le llamaron Dream Bar Association. Cada uno de ellos estaba preparado para dar la batalla por su licencia en su respectivo estado.

–Yo pensaba: yo estoy en Arizona, no me la van a dar. Pero me gradué, y yo ya tenía mi equipo legal para ir a la corte a pelear mi licencia, y en octubre recibí la aprobación en el correo. No sé cómo, nomás así pasó. La gran ironía de esto es la siguiente: me dieron la licencia de abogado, pero no podía sacar una licencia de manejar, así que yo iba a las cortes sintiéndome muy abogado, pero sin licencia de manejar –dice riendo. Hasta el momento, es el único abogado indocumentado en el estado.

En 2015 Daniel se asoció con su colega Otilia Díaz y abrió su propio bufete legal, Díaz, Rodríguez y Asociados;[6] su despacho da empleo a otras tres personas y ha creado dos clínicas legales gratuitas para asesorar inmigrantes. Daniel dejó el trabajo como voluntario con otras organizaciones sin mayor conflicto; de una década atrás, cuando empezó su trabajo como activista, a ese momento, las organizaciones y los grupos comunitarios se habían multiplicado. Daniel no sentía que fuera indispensable; sin embargo, tenía el zumbidito detrás de la oreja: quería volver a encontrar su lugar en el movimiento proinmigrante.

La respuesta para el zumbido llegó en noviembre de 2016. El día de la elección no solo se decidió quién sería el presidente de Estados Unidos, sino que a lo largo del país se celebraron elecciones de congresistas, gobernadores, alcaldes y *sheriffs*, incluido el temido *sheriff* del condado de Maricopa, Arizona, Joe Arpaio.

Durante dos décadas Arpaio, quien se hacía llamar "el *sheriff* más rudo de Estados Unidos", sostuvo una campaña en contra de los inmigrantes indocumentados del condado, al cual pertenece la capital estatal Phoenix, con el objetivo de "erradicarlos". Amante de la publicidad, por años puso en escena una persecución constante que anunciaba con orgullo, hasta el punto de haber participado en un efímero programa de televisión llamado *Sonríe, estás bajo arresto* de la cadena Fox, en donde, por supuesto, aparecía arrestando inmigrantes.

Es fácil deducir que por su ubicación en la franja fronteriza con México y por contar con una elevada población inmigrante –cerca de un 15 por ciento de la población del estado, la mayoría de ellos de origen mexicano–,[7] Arpaio contaba con una gran popularidad entre los grupos antiinmigrantes, como los llamados *Minutemen*, y entre la cúpula de poder más conservadora, mayoritariamente blanca, que justificaba las constantes violaciones a los derechos humanos en las que incurrían sus agentes al detener personas que no habían cometido algún delito, pero que se encontraban en el país sin documentos –labor que, como se sabe, corresponde a las autoridades de inmigración, no a los agentes del *sheriff*–.

Este apoyo se reflejó en las urnas durante mucho tiempo; Arpaio fue reelecto una y otra vez, siempre con números cercanos al sesenta por ciento de los votos. Con este apoyo, el *sheriff* entrenó a su gente en el acoso a la comunidad inmigrante, sin respetar los procedimientos legales que protegen a cualquier residente del país y que evitan que una autoridad local realice las funciones de un agente de inmigración. En el terriotrio de Arpaio, alguien con aspecto latino podía ir caminando por la calle y por cualquier motivo, un faro del auto roto, una actitud calificada como sospechosa, se le pedía que comprobara su residencia legal en Estados Unidos. Si no podía hacerlo, lo llevaban detenido para enfrentar un proceso de deportación.

Sin embargo, en los últimos años, el apoyo para Arpaio declinó. Entre 2004 y 2007 se presentaron cerca de 2,700 demandas en su contra, tanto en cortes de Maricopa como en cortes federales, por violaciones a los derechos civiles y por detenciones realizadas fuera de la ley basadas en el perfil racial, entre otros cargos. En abril de 2008, el entonces alcalde de Phoenix, Phil Gordon, presentó una solicitud formal ante el Departamento de Justicia (DOJ) y ante el FBI para que se investigara al *sheriff* por estas acusaciones, y en 2011 tanto el DOJ como la corte federal revocaron su autoridad para identificar y detener inmigrantes ilegales. En 2012 una nueva demanda fue iniciada por el DOJ debido a que Arpaio no había modificado un ápice su actuación en el condado.

En este contexto, la elección del 8 de noviembre de 2016 era clave para los residentes de Maricopa. Tras una intensa campaña para evitar su reelección, ese día, mientras Donald Trump llegaba a la Casa Blanca, uno de sus aliados incondicionales desde que anunció su intención de contender por la presidencia, Joe Arpaio, perdía el cargo que le permitió sembrar el terror entre los inmigrantes.

–Esa noche, que debió haber sido una celebración para quienes vivimos en Arizona por haber ganado esa campaña, por haber sacado a Arpaio, yo me puse a llorar –me cuenta Daniel recordando la impotencia que sintió entonces–. Estábamos viendo los resultados de la elección presidencial y fue tan triste… Pero en ese momento, haz de cuenta que toda mi inquietud, esa pasión que sentí desde niño, desde el 2005, desde el 2010, regresó, y dije: tenemos que hacer algo. Era un momento frustrante porque todas las personas con las que hablaba después de las elecciones no sabían qué hacer; para mí era evidente que teníamos que cambiar las cosas. Creo que hay personas que todavía se están organizando, pensando como si estuviéramos bajo la administración de Obama, y no, todo ha cambiado.

Unos días más tarde, Daniel se reunió con su amigo Luis en Fair Trade Cafe. La cita fue muy temprano porque Daniel tenía que atender un caso en la corte a las ocho de la mañana;

no tenían una agenda, pero se reunieron a charlar para planear lo que seguiría para ellos. Había que parar las políticas que previsiblemente aplicaría Trump con una estrategia de resistencia similar a la que se había usado en Arizona, en la mente de Daniel, Trump era el Arpaio de la nación. Recordaron una de sus campañas más exitosas, el boicot a Arizona, y planearon cómo realizar una campaña similar, pero esta vez a nivel nacional e involucrando a México, el vilipendiado vecino del sur.

Pero esa es otra historia.

13. Boicot

Luis Ávila, 35 años

Culiacán, Sinaloa/Phoenix, Arizona

En julio de 2010 entró en vigor en el estado de Arizona la iniciativa de ley SB1070, que buscaba criminalizar a los migrantes indocumentados y a todo aquel que les prestara algún servicio. En aquella época dos jóvenes, Daniel Rodríguez y Luis Ávila, decidieron que una buena manera de resistir era convocar a un boicot contra el estado de Arizona.

La idea sonaba un poco descabellada: ¿quién quiere boicotear el estado en el que vive? Pero la lógica de los chicos era simple: si tú no quieres darte cuenta de la importancia de nuestra comunidad –y entiéndase por "tú" desde las autoridades conservadoras hasta los grupos antiinmigrantes–, nosotros haremos que la veas en donde más te duele: los negocios y el bolsillo.

El apoyo a la campaña, que se extendió principalmente entre los consumidores de grandes eventos y bienes turísticos en Arizona, dio por resultado una afectación económica para el estado cercana a los 600 millones de dólares. La experiencia quedó grabada en las estrategias exitosas de los dos activistas para cuando fuera necesario volver a usarla, y en noviembre de 2016, el momento llegó.

Cuando Donald Trump llegó a la presidencia, siete años y mucha experiencia después, Daniel y Luis decidieron crear una estrategia similar. ¿Y si invitamos a México a boicotear el maíz de Estados Unidos?

***

Luis Ávila nació en Culiacán, en 1982, pero de Sinaloa no recuerda casi nada: desde que era muy chico, sus padres se mudaron a la ciudad de Tijuana, donde transcurrió la mayor parte de su infancia. Ahí fue a la escuela primaria, mientras su papá trabajaba en un banco y su mamá en una tienda departamental. Ahí nació su hermana, y como ocurre con muchas familias fronterizas, su hermano nació del lado estadounidense.

Unos años más tarde, su padre, a quien Luis describe como "uno de esos señores a los que se les ocurren ideas", decidió que empezaría un negocio propio. El señor Ávila compró tierra en la región del Bajío, invirtió en ganado poco a poco, entre préstamos y ahorros, y empezó a producir leche. La familia se mudó a la Ciudad de México por un año, y luego a Querétaro, que estaba más cerca del pueblito llamado Doctor Mora, en Guanajuato, donde el padre tenía el negocio. Luis, de 12 años de edad, acudía a ayudarle los fines de semana.

Cuando habla de la afición de su padre a intentar negocios, Luis usa una metáfora para explicar que siempre le salen mal: si compra un circo, le crecen los enanos. En este caso, mientras el señor Ávila apostaba todo por la producción de leche, México puso en marcha un acuerdo para comprar leche en polvo a Estados Unidos, de manera que los precios cayeron de manera salvaje. El costo de producir la leche fresca que antes tomaba la gente en México –en frascos, no la leche en envase tetra pack, o en polvo, que se consume ahora–, resultaba muy elevado para el precio comercial del producto, de manera que el negocio del papá de Luis empezó a ir en picada: primero vendió parte del ganado y buscó alternativas; solicitó préstamos y decidió invertir en la producción de brócoli, pero entonces el precio de este vegetal también cayó. Perdió tierra, hasta que quedó un rancho pequeño del que ya no se pudo sacar gran ventaja.

Cuando Luis se graduó de la preparatoria, tuvo la oportunidad de ir a Estados Unidos para aprender inglés. Para entonces la familia estaba tan golpeada económicamente que no les alcanzaba para los pagos básicos, como la renta o la escuela de Luis y sus hermanos. La madre empezó a ir a Estados Unidos por temporadas para trabajar ahí; conseguía empleo temporal como taxista o limpiando casas, y cuando volvía a México, llevaba dinero para pagar las cosas o ropa para sus hijos, mientras el padre intentaba salir del hoyo.

–Eso ocasionaba problemas entre ellos dos, hubo conflictos. Mi papá empezó a tomar, se convirtió en una persona más violenta, y se rompió el núcleo familiar. Mi mamá estaba trabajando muchísimo; yo tenía 17 años y recibí una pequeña beca para estudiar inglés, así que aproveché la oportunidad y vine un verano con la idea de regresar a México para entrar a la universidad.

Ese era el plan inicial, pero, una vez que Luis estuvo en Arizona, decidió experimentar un poco: ¿qué pasaría si presentaba su solicitud para ir a la universidad ahí mismo? Sin pensarlo mucho, hizo el trámite para ver si lo aceptaban en la Universidad Estatal de Arizona (ASU), y para su sorpresa fue aceptado.

–En aquel entonces yo era el primero de mi familia en ir a la universidad; para ellos, el ser aceptado en una universidad estadounidense era como si me hubieran aceptado en Harvard –dice riendo–; todo el mundo me dijo que era una oportunidad que no podía dejar pasar. Y yo tuve mucha suerte, porque cuando mi papá estaba muy joven él vino a trabajar en Oregon y se benefició con la amnistía de 1987. En ese momento solicitó la residencia para mí, y 18 o 19 años después me llegó mi *green card*, justo a tiempo para venirme con documentos a Estados Unidos.

Para ese entonces los padres de Luis ya estaban separados, así que su madre, sus hermanos y él empezaron a hacer planes para mudarse. Recuerda que viajó en autobús el 31 de julio, el día de su cumpleaños, a vivir con una de sus tías; más tarde llegaron los demás, y su madre empezó a trabajar manejando un *shuttle*, un transporte colectivo, entre las ciudades de Nogales y Phoenix.

Pero lo que ni Luis ni su familia sabían es que, por no ser residente del estado de Arizona, las colegiaturas para él serían muy elevadas, tres veces más de lo que costaban para quienes sí lo eran, de manera que Luis también tuvo que trabajar para pagar su colegiatura. Como ocurre con muchos inmigrantes, la familia no hablaba inglés; todos obtuvieron un trabajo en la industria del servicio, y en ocasiones tenían más de un trabajo. El primer empleo de Luis fue en una sucursal del restaurante Peter Piper Pizza, limpiando máquinas. Más tarde trabajó en el sitio de comida rápida Jack in the Box, y también haciendo comida para eventos.

Luis trabajó durante cinco años para poder estudiar. Había ocasiones en que solo tomaba una clase y trabajaba al mismo tiempo, porque no le alcanzaba para pagar más. Aunque después de un año recibió un apoyo para la colegiatura, aún debía cubrir sus otros gastos y la familia dependía de su ingreso, dado que con lo que ganaba su madre no alcanzaba para sostener a cuatro personas.

–No teníamos carro, tenía que andar en camión, todo costaba. Poco a poco empezamos a armarlo: nos mudamos a un departamento donde vivimos muchos años, y más tarde yo me salí a vivir más cerca de la universidad. A mi papá empezó a irle un poco mejor en México, entonces empezó también a ayudarnos un poco económicamente, y en todo ese proceso mis dos hermanos y yo nos graduamos de la universidad.

Luis eligió estudiar periodismo y literatura hispanoamericana, y al poco tiempo ya había creado una revista bilingüe en la universidad; así es como conoció a Daniel Rodríguez, quien sería su compañero no solo en la escuela, sino también en el activismo. Y cómo él, durante esos años en la universidad aprendió sobre la situación social y política de Estados Unidos.

En ese proceso también Luis conoció a varios estudiantes indocumentados que le decían que no podían ir a la universidad; a él se le hacía difícil de creer que él, quien acababa de llegar al país, tuviera acceso a la educación superior, y otros chicos que habían pasado casi toda su vida ahí, no. Aunque en esos años aún no se hablaba del DREAM Act o de los *dreamers*, pero había otros movimientos con los que Luis se fue involucrando: política migratoria, iniciativas para convertir el inglés en el idioma oficial en Arizona y la organización de la resistencia contra algunas otras propuestas antiinmigrantes. En el camino se formó una generación de jóvenes organizadores activistas que crearon una red que ha servido para detener algunas caídas. Entre ellas, la polémica iniciativa antiinmigrante SB1070.

***

La mañana del 23 de abril de 2010, Arizona se metió en un viaje en el tiempo. Con la firma de la iniciativa de ley SB1070, ese día la gobernadora Jan Brewer llevó a su estado al siglo XIX, cuando la entidad se incorporó a la Unión Americana bajo el nombre de Estado de Arizona. Habiendo formado parte del territorio mexicano y siendo habitada por grupos indígenas como los Pueblo, los Yaqui o los Navajo, Bringham Young, el entonces dirigente de la Iglesia de los Santos de los Últimos Días, o mormones, decidió poblar la zona con personas de origen europeo. Bajo esa premisa fueron fundadas ciudades como Phoenix, Tempe y Prescott, que hoy son el corazón del estado.

Durante más de un siglo, la búsqueda por la supremacía anglosajona ha marcado a Arizona como uno de los estados con políticas más retrógradas y racistas de la Unión Americana. Algunas de las leyes antiinmigrantes más radicales se han cocinado ahí y la entidad está considerada el laboratorio legislativo del país: se impulsan leyes antiinmigrantes en Arizona y de ahí se extienden a otros estados.

Es en Arizona, en el condado de Maricopa –al cual pertenece Phoenix, la capital– donde el *sheriff* Joe Arpaio, operando con dolorosa impunidad, aterrorizó a los habitantes de origen latino en busca de "limpiar" a las comunidades de inmigrantes indocumentados –aun cuando son estos mismos inmigrantes los que podan los jardines del resto de la población, construyen sus casas, cuidan a sus hijos–. Es en Arizona también donde en 2004 se aprobó la Proposición 200,[1] que niega el acceso a servicios públicos a quien se encuentre en el país sin documentos.

La ley SB1070, aprobada el 19 de abril de 2010 por el Congreso estatal y firmada cuatro días después por la gobernadora republicana Brewer, iba aún más allá. No solo sancionaba a quienes proporcionaran apoyo a una persona indocumentada, incluso si esta era de su propia familia, sino que castigaba a los oficiales de las agencias del orden –departamentos de policía o del *sheriff*– que sospecharan que una persona era indocumentada y no la detuvieran para corroborar su estatus migratorio, lo cual está prohibido por las leyes federales, salvo algunas excepciones.

Bajo la SB1070, la garantía de no ser detenido por autoridades locales por asuntos relacionados con inmigración quedaba eliminada. La ley, además, favorecía la práctica del perfilamiento racial al exigir que se detuviera e investigara a quienes "parecieran" indocumentados. ¿Cuál es la definición física de un indocumentado? En un país donde la inmigración proviene de cualquier rincón del mundo y donde la mayoría de los inmigrantes y sus descendientes cuentan con un estatus migratorio legal, ¿cómo se reconoce a alguien que está en el país de manera ilegal? La respuesta para las organizaciones de defensa de los derechos civiles fue clara: será aquel que tenga la piel obscura, que no hable inglés, que lo hable con acento o que de plano hable español.

En la mira habrían estado entonces quienes han vivido en Arizona desde los tiempos previos a don Bringham Young; los que son morenos porque el sol de Arizona ha curtido la piel de sus familias por siglos; los que se apellidan López o Méndez porque descienden de los españoles que colonizaron esas tierras, y también los que andan por la calle con su gorra de los Suns, el equipo de baloncesto de casa, o con su playera de las Chivas, con papeles o sin ellos. Los que "se vieran" latinos, como sea que estuvieran en el país. Esta no era solo una ley antiinmigrante; era una ley racista que ponía a Arizona en una vergonzosa posición que de ninguna manera reflejaba los principios fundadores de Estados Unidos.

Tras la firma de la gobernadora Brewer, la SB1070 entró en vigor el 29 de julio de 2010. Para esa fecha, las organizaciones de defensa legal ya tenían listas las demandas correspondientes para intentar parar la ley bajo el argumento de que ninguna legislación estatal puede estar por encima de la Constitución y las leyes federales, que prohíben la práctica del perfilamiento racial. Algunas de estas demandas procedieron y el perfilamiento racial quedó bloqueado en papel –aunque en la práctica sigue ocurriendo–; lo que no lograron echar para atrás completamente fue la prerrogativa de negar el acceso a algunos servicios a personas sin documentos, y las sanciones para los empleadores que los contratan son elevadas y se aplican rigurosamente.

Mentras esto ocurría, apenas unos días después de la firma de abril, los grupos activistas ya habían hecho un llamado a realizar un boicot económico y turístico en contra del estado de Arizona. La idea podía sonar descabellada, pero no lo era tanto; existía un precedente por demás exitoso.

En 1983 se estableció en Estados Unidos el 15 de enero de cada año como la fecha para recordar al líder de derechos civiles Martin Luther King a nivel nacional; sin embargo, el gobierno de Arizona se negó a firmar la ley que lo instituía como día feriado a nivel estatal. Por esta razón, a principios de los años noventa, el reverendo Jesse Jackson, el conocido ministro bautista y activista de derechos humanos de la comunidad afroamericana, convocó a un boicot en contra del estado, el cual tuvo una gran acogida nacional. En 1991, gracias a presiones de sus jugadores afroamericanos, la NFL tomó la decisión de mover la sede del Super Bowl, que hasta ese momento se celebraba en Phoenix, y trasladarla a Pasadena, California. Un año después, Arizona firmó la ley.

Con este antecedente, las organizaciones activistas en el estado empezaron a llamar a la comunidad latina a iniciar el boicot. Los dirigentes pidieron que cesara la asistencia del público a los partidos de los equipos deportivos del estado, jugaran donde jugaran, y a los artistas latinos que cancelaran sus presentaciones en la entidad. Se pidió que la gente no utilizara la línea aérea US Airways, con sede en Phoenix, y que los habitantes de Sonora evitaran cruzar la frontera para realizar actividades comerciales. Se pidió a las grandes empresas que cancelaran sus convenciones o congresos en el estado, y a la población nacional que evitara el consumo de productos agrícolas cultivados en Arizona. Los transportistas del Puerto de Los Ángeles, el más importante de los puertos comerciales del país, acordaron negarse a llevar contenedores a ese estado.

El boicot amenazaba con condenar al ostracismo a algunas industrias clave del estado. Arizona perdió miles de reservaciones de hotel y el apoyo de músicos populares como Manu Chao, Rage Against the Machine, Cypress Kill y Kanye West, en lo que llamaron "The Sound Strike", la huelga del sonido. Otros artistas como Lady Gaga no cancelaron sus presentaciones, pero se manifestaron públicamente en contra de la ley. Esta serie de acciones llamaron la atención de los medios, se viralizaron y afectaron la industria del turismo en Arizona en una suma cercana a los 140 millones de dólares.[2]

Más importante aún, la aprobación de la legislación desató una oleada de críticas en contra del estado en el discurso público nacional, de manera que organizaciones y líderes de opinión de otros estados se sumaron a la invitación al boicot. La industria de las convenciones fue la primera en resultar afectada cuando grupos y asociaciones empezaron a cancelar eventos en el estado. Las cancelaciones de reuniones y conferencias en los siguientes tres años habrían contribuido a sostener 2,800 empleos, y el alcance de las pérdidas económicas por esta razón habría superado los 86 millones de dólares en salarios perdidos, más 250 millones en derrama económica.[2]

La Asociación de Hoteles y Hospedaje de Arizona reportó públicamente una pérdida de 15 millones de dólares tan solo en los cuatro meses posteriores a la aprobación de la ley, aunque estimaciones del *think tank* Center for American Progress indicaron que el monto habría sido del triple, 45 millones. Entre julio y agosto de ese año, el periodo en el que la ley entró en vigor, la Oficina de Convenciones y Visitantes del estado recibió 35 por ciento menos de reservaciones que en mismo periodo del año previo.

Las estimaciones del momento también indicaron que el estado perdería el ingreso vía impuestos tanto por los salarios perdidos, como por los bienes y servicios que los trabajadores habrían adquirido con ese ingreso, por cerca de nueve millones de dólares en un lapso de dos a tres años. Arizona Republic cuenta que serían como 600 millones de dólares.

Ciudades como Los Ángeles, Austin y St. Paul aprobaron formalmente desde su cabildo el boicot a Arizona y docenas más hicieron declaraciones públicas llamando a la revocación de la ley. Y ante este panorama, a la cancillería mexicana no le quedó más que emitir una alerta de viaje oficial para advertir a los ciudadanos mexicanos que en Arizona existía el riesgo de ser cuestionados sin aparente razón.

Este ambiente, más la presión social, se vio reflejado en las demandas en las cortes, que lograron revertir algunos de los efectos más drásticos que podría haber traído la Ley Arizona, a pesar de que algunos ellos aún permanecen vigentes. Los activistas no ganaron la guerra, pero dieron una batalla que logró disminuir los daños.

***

Cuando Luis y Daniel se reunieron para buscar una opción de acción, algo estratégico en el contexto de la recién llegada administración Trump, las declaraciones de un expresidente mexicano más el eco del boicot a Arizona les dieron la primera clave de por dónde podrían ir. Luis acababa de ver en la televisión a Felipe Calderón, el polémico exmandatario mexicano –bajo cuyo gobierno se dio una de las relaciones más polémicas con Estados Unidos debido al inicio de la llamada "guerra contra las drogas" y sus efectos en la relación bilateral–. En una entrevista, Calderón sugería que México detuviera la compra de productos agrícolas, como maíz y soya, a su vecino del norte.

Luis lo comentó con Daniel, quien encontró que eso podría, además de ser simbólico, tener un gran impacto sin ser algo difícil para el consumidor. Ya días antes se había intentado impulsar en México un boicot a los productos estadounidenses, un planteamiento general cuya aplicación evidentemente resultaría muy difícil no solo por la enorme cantidad de bienes provenientes de Estados Unidos que son de consumo regular en México –y la dificultad para identificarlos–, sino porque eso implicaría también boicotear a pequeños empresarios mexicanos que al invertir en franquicias estadounidenses han apostado un pequeño capital propio y generan empleo para otros mexicanos.

–Tenía que ser algo muy sencillo para el consumidor, y recordamos el boicot del movimiento encabezado por César Chávez –me dice Luis–. El mensaje era muy claro: "No coman uvas", y ya. Pensando en eso nos acordamos de cómo César Chávez hasta viajó a Europa para decir: "Dejen de comprar uvas californianas". Era muy fácil, y fue así más o menos como lo hicimos en 2010: el boicot era "no vengan a hacer negocios en el estado de Arizona". Eso fue muy fácil porque no implicaba grandes cambios en la vida del arizonense promedio.

De manera adicional, para Luis la carga simbólica del producto en sí, el maíz, era potente. Tan pronto empezaron a compartir la idea, un grupo de chicos mexicanos decidió apoyarlos haciendo un video con un mensaje directo: nosotros lo exportábamos, ahora lo compramos; los migrantes se fueron, y ahora traemos maíz.

Conforme fueron hablándolo con más gente, se dieron cuenta de que estaban golpeando en un asunto de enorme relevancia, que por alguna razón parece ya no estar en la agenda pública nacional.

–Antes lo único que sabíamos del maíz era que se usaba en las tortillas –me dijo Daniel medio en broma y medio en serio–. Ahora sabemos mucho más. Casi el cinco por ciento de la producción total del maíz de Estados Unidos se va a México; puede parecer poco, pero es cerca del setenta por ciento del consumo total de maíz en México, que equivale a miles de millones de dólares. Pero ojo: no es el maíz nixtamalizado, que es el que consume la gente, sino el amarillo, que se usa para forraje, aceites o fructosas. El 99 por ciento del maíz amarillo que se consume en México es estadounidense y se utiliza en los estados donde hay mucha ganadería.

Un boicot al maíz estadounidense, por tanto, implicaría un golpe importante para la economía de ese país, pero también pondría en un aprieto a la industria mexicana que depende de ese maíz porque tendría que encontrar un sustituto. Luis y Daniel piensan que ahí hay un reto y una oportunidad, y es por eso que estaban interesados en mover su idea del otro lado de la frontera: quienes conocen el tema podrían decir qué es viable y qué no, y qué se está haciendo en México en ese sentido.

La reacción inicial de quienes escucharon la idea en México fue positiva, pero con ella vino una alerta para los jóvenes: la gente en ese país no confía en el gobierno, y en el contexto político actual, no faltaría quien se quisiera "subir" en la campaña para ponerle la bandera de su partido o de su causa política. ¿Cómo impulsar una idea de este tipo sin ser utilizados, si ni Luis ni Daniel están familiarizados con el contexto político mexicano por no vivir en ese país?

Más tardó en llegar la alerta, que en ocurrir lo que les habían advertido. Apenas unos días después de concebida la idea, cuando apenas empezaban a armar la página y una petición online, los jóvenes se enteraron de que visitaría Arizona un grupo variado de senadores mexicanos, así que decidieron asistir a la reunión: era un evento privado, pero en el que había algunos medios de comunicación. En algún momento Luis pidió la palabra para solicitar el apoyo a la idea que tenían, y a una persona del equipo de uno de los senadores, el político del Partido de la Revolución Democrática (PRD) Armando Ríos Píter, le pareció interesante. El senador decidió "apoyar" la propuesta a su modo: habló con los medios de la idea, y en breve ya estaba lista una iniciativa de ley, firmada por él mismo, para ser presentada en el Senado mexicano retomando la idea de Daniel y Luis.[3]

–Eso nos dio cobertura, ayudó a que sonara. Las publicaciones más relevantes sobre tratados de importación y medios como National Public Radio (NPR) o el diario *USA Today* han hablado de e ello, pero todo ha sido enfocado en la iniciativa de ley –me dice Luis un poco resignado–. Entonces ahora lo que estamos tratando de hacer es decir: "Hey, esto viene de nosotros, de unos migrantes preocupados"; porque si se queda en una propuesta en el Senado, entonces ya estuvo que no hicimos no hicimos nada.

Lo ocurrido es sin duda una experiencia más de aprendizaje para los dos jóvenes activistas, que, a pesar del traspié, no quitan el dedo del renglón. Luis considera que el momento es único y que por eso necesario aprovecharlo: una coyuntura que ha hecho renacer el sentimiento de orgullo nacional en muchos mexicanos.

–Ha sido impresionante para mí ver esa reacción de "nosotros podemos", por primera vez dudando la relación con Estados Unidos –explica Luis con entusiasmo–. Es una reacción muy interesante y creo que es una oportunidad única si hay cualquier tipo de renegociación de lo que sea. Y otra cosa que me ha emocionado mucho desde el principio es que pienso que esta es la primera vez que podemos hacer algo tanto los mexicanos en México como los de acá, juntos, por una causa común.

Otro aspecto que entusiasma a los chicos es la posibilidad de "hablar por otros", como lo explica Daniel. Piensan que lo que la administración Trump ha logrado es visibilizar el tema y que en el contexto de una renegociación, la migración necesariamente tendrá que atravesar los nuevos acuerdos comerciales. La oportunidad, consideran, es también para que México amplíe su radio de alcance: si empieza a trabajar con otros países en la construcción de un liderazgo, podría cambiar el equilibrio de fuerzas en su relación con Estados Unidos a largo plazo.

–A Estados Unidos le gustó mucho tener este mundo globalizado económicamente y fue muy bueno para el país –me dice Daniel ajustándose los antejos. Habla con vehemencia; me queda claro que para él, esta parte del argumento tiene un alcance más largo que los cuatro años de gobierno de un presidente hostil–. Esta es la primera campaña de la que yo tengo conocimiento, que busca usar la misma estrategia para presionar políticamente una acción de gobierno dentro del mismo país, usando la misma estrategia. ¿Estamos viviendo en un mundo globalizado? Bueno, pues podemos usar la influencia que tiene México, que no la ha usado antes por cualquier razón, para realizar movimientos sociales. Estamos empezando a educarnos sobre cómo podemos empezar a ejercer ese poder.

–Esto no solo tiene que ver con el gobierno de Trump –añade Luis al argumento–. Si se rompen acuerdos, si se insulta a los mexicanos, si se daña la relación con México ¿qué pasa después de Trump? ¿Nos hacemos compas otra vez?

Los meses que han seguido al "secuestro" de su idea para jugar a la política en México han permitido también a Luis y Daniel obtener un pulso cercano a lo que piensa la gente sobre ese juego. En sus redes sociales, principalmente en la página de Facebook de la campaña, reciben mensajes en donde la gente apoya la iniciativa porque lo interpreta como una sanción a las decisiones de gobierno del presidente Peña Nieto. Hay otras personas que desconfían y los acusan de ser títeres del gobierno, o sospechan que sus nombres pueden ser usados para otros fines. Hay también quien los ha acusado de estar impulsando un tema "distractor" para desviar la atención de las denuncias en contra del gobierno mexicano.

–Hemos sido cuidadosos al responder y no nos desviamos del tema, porque hemos aprendido que eso es lo que diluye los movimientos –explica Luis–. Nos hemos enfocado en la idea de que este es un momento único, que podemos renegociar las cosas desde un lugar de fuerza. Y la gente nos cuenta cosas. Nos postean en Facebook que les pagan una miseria por el maíz, que saben que en el mercado está más alto, pero no tienen cómo transportarlo. Hay semilleros mexicanos que podrían ser buenos aliados; hay un puente y no sabemos cómo cruzarlo. Y también tenemos el perfil de las personas que salieron porque perdieron la tierra. Entre el nacionalismo y el antitrumpismo se pierde el hecho de que gran parte de esta campaña tiene por objetivo hablar del tema migratorio bajo el enfoque del campo y el TLC. En eso nos tenemos que enfocar ahora.

Por el lado estadounidense, los chicos también ven retos. Uno de ellos es generar el interés y despertar la conciencia entre la gente que vive en Estados Unidos que no recibe un gran impacto por lo que respecta al tema migratorio. ¿Cómo explicarles que lo que pasa les afecta a ellos también? En su investigación, Daniel y Luis descubrieron los estados que más producen maíz son republicanos, con excepción de Illinois; en la elección de 2016, Iowa –el principal productor, con 18 por ciento de la producción–, Minnesota, Nebraska y Kansas fueron territorio Trump.

¿Cuál es el siguiente paso de la campaña Boicot al Maíz?[4] En eso están. Luis me aseguró que en los meses posteriores a nuestra conversación se darán a la tarea de construir alianzas en México para poder continuar la conversación desmarcándose del sello del partido político que presentó la iniciativa de ley y buscar alianzas en México con grupos y organizaciones que, con una visión integral, aborden los alcances reales de esta campaña.

–Tenemos que permitir que esto se vaya a México y que ahí se discuta qué se tiene que hacer, porque no es nada más decir vamos a dejar de comprar –apunta Luis–. ¿Hay infraestructura para producir más en México? Hay gente que nos comenta en el Facebook: yo vivo en un lugar donde antes había tierra disponible para cultivar y se la han dado a parques industriales. Esas conversaciones no podemos hacerlas desde Phoenix. Necesitamos encontrar aliados en México para continuar la conversación, y también decidir qué haremos nosotros. ¿Tenemos que poner la presión en México o tenemos que enfocarnos en la repercusión que podría tener en Estados Unidos y prenderle más fuego de este lado?

En los próximos cuatro años se verá.

Agradecimientos

"No hay reportero sin suerte", reza un adagio que circula entre periodistas. Yo creo que esto es cierto y que, en mi caso, mi gran suerte ha sido estar rodeada de personas que comparten conmigo la pulsión de contar las historias que importan, las que ocurren cada día a ras de piso y que ayudan a entender quiénes somos y cómo podemos ser mejores –como personas, como sociedad–. De todos ellos, es este libro.

Gracias a Daniel Mesino y Karina Macías en Editorial Planeta por la concepción del proyecto y la confianza depositada en mí para realizarlo; a Tania Cabrera por su sensibilidad para editar las historias de nuestros mexicanos del norte.

Mexicanos al Grito de Trump es un proyecto planeado y ejecutado en seis meses. No podría haberlo escrito sin el apoyo de Faber Residency, la residencia de artes y humanidades en Olot, Catalunya, donde la mayor parte del libro tomó forma. Agradezco a su director, Francesc Serés, el espacio, su confianza y empatía.

Las historias que componen este proyecto son, en su mayoría, un seguimiento de temas o personajes sobre los cuales he esto a lo largo de 13 años. Mi enorme gratitud a los editores que en este tiempo han trabajado conmigo: Salvador Frausto, Gabriel Lerner, Karla Casillas, Guillermo Osorno, Andrés Tapia, Homero Campa, Ernesto Núñez, Elizabeth Palacios y al siempre añorado José Luis Sierra.

Gracias mil a quienes, contra reloj, me ayudaron a revisar y corregir el manuscrito: Diego Sedano, Catalina Gayà, Armando Vega-Gil, Alaíde Ventura, Sofía Téllez y al bisturí de Toni Piqué.

Cada reportero es tan bueno como la familia periodística que lo acompaña, y yo sigo aprendiendo a diario de la mía. Gracias a Salvador Frausto, Témoris Grecko y Concepción Peralta, y a los integrantes de nuestro colectivo Cuadernos Doble Raya, Catalina Gayà, Yaotzin Botello, Karla Casillas, Óscar Balderas, Marco Appel, Jacqueline Fowks y Maurizio Montes de Oca. A Nantzin Saldaña, Valeria Fernández, Diego Fonseca, Wilbert Torre, José Luis Benavides y Antonio Mejías-Rentas, y en NAHJ a Alberto Mendoza y Mekahlo Medina. Como siempre, mi gratitud para mi familia por siete años en el diario *La Opinión*, el espacio que me abrió las puertas a muchas de estas historias.

No hay relato posible sin la generosidad de sus protagonistas. Desde el fondo de mi corazón, gracias a Omar León, Claudia Amaro, Yamil Yáujar, Yunuen Bonaparte, Alberto Mendoza, Jennicet Gutiérrez, Mónica Robles, Odilia Romero, Jeanette Vizguerra, Al Labrada, Noemí, Cynthia y María Romero, Viridiana Hernández, Mafalda y Carlos Gueta, Ana Elena Soto, Daniel Rodríguez y Luis Ávila, por compartir conmigo sus historias de triunfo y resistencia.

Este libro logró tocar tierra durante un periodo de fuerte turbulencia. Gracias a Eliesheva Ramos y a mi hermana Rosal por estar cerca. A Diego Sedano y a mi madre, no tengo cómo agradecer su constancia, solidaridad y amor.

Notas

1. Una vida mejor

** Realicé la entrevista eje de este capítulo vía telefónica con Omar León, en junio de 2017, pero desde 2010 he sostenido varias conversaciones él; alguna información intercambiada en esas charlas fue utilizada para dar contexto.

1. Se puede encontrar más información sobre la Red Nacional de Jornaleros (NDLON) en www.ndlon.org/es/.
2. En agosto de 2008, gracias al cabildeo de NDLON, el Concejo de la ciudad de Los Ángeles aprobó una ordenanza que establece que las tiendas que venden materiales de construcción, como Home Depot, deberán construir centros para los jornaleros que incluyan un techo para guarecerse del sol, agua potable, baños y cestos para la basura. La información completa se puede encontrar en articles.latimes.com/2008/aug/14/local/me-homedepot14.
3. Hice contacto con los jornaleros del condado de San Diego a través del Frente de Organizaciones Indígenas Binacionales (FIOB), quienes trabajan con esta comunidad como intérpretes y en defensa de sus derechos laborales. Se puede encontrar más información sobre el trabajo de FIOB en fiob.org.
4. La Encuesta Nacional de Jornaleros se puede consultar en el siguiente enlace: www.ndlon.org/en/resources/item/374-2006-natl-study.
5. La campaña "Alto Trump" se puede consultar en http://altotrump.com.

2. ¿Por qué Estados Unidos no nos quiere?

** La historia de Claudia Amaro fue previamente publicada en la edición en inglés de mi libro *Dreamers, la lucha de una generación por un sueño americano* (Oceano, 2013). La historia de Yamil Yáujar está incluida en mi libro *We built the Wall* (Verso, 2018). En este texto utilizo extractos de varias conversaciones que he sostenido con ella vía telefónica, la más reciente el 22 de junio de 2017.

1. Obtuve las estadísticas sobre los centros de detención de inmigrantes en la página web de la Agencia de Inmigración y Aduanas (ICE): www.ice.gov/detention-facility/eloy-detention-center. La página principal permite la navegación para buscar información detallada de cada uno de los centros.
2. Obtuve la información sobre el comportamiento bursátil de CoreCivic y GEO de varias notas informativas publicadas en ese periodo, incluido un reporte de la Agencia France Press reproducido por el sitio de internet RawStory: www.rawstory.com/2016/11/trump-win-breathes-life-into-the-private-prison-industry/.
3. La versión completa del reporte presentado por el Departamento de Justicia y la procuradora Yates en 2016 se puede encontrar en este enlace: oig.justice.gov/reports/2016/e1606.pdf.
4. Las cifras sobre las donaciones a la campaña de Trump y del Partido Republicano se encuentran en los reportes del Center for Responsive Politics, una organización que "rastrea" el dinero de las donaciones a las campañas electorales: www.opensecrets.org. Un análisis de algunos de estos donativos se encuentra aquí: www.huffingtonpost.com.mx/entry/donald-trump-private-prison_us_580e7b02e4b000d0b1583000.
5. Obtuve las cifras del número total de deportaciones realizadas bajo el gobierno de Barack Obama en la página del Departamento de Seguridad Interna (DHS): www.dhs.gov/immigration-statistics/yearbook, y en un reporte del Migration Policy Institute: www.migrationpolicy.org/article/obama-record-deportations-deporter-chief-or-not.
6. TRAC, el proyecto de análisis de datos sobre agencias gubernamentales de la Universidad de Syracuse, que recaba la información de las cortes de inmigración, se puede consultar aquí: trac.syr.edu/immigration/reports/349/.
7. Las cifras sobre deportaciones de padres de hijos estadounidenses se encuentran un reporte publicado por el Migration Policy Institute: www.urban.org/sites/default/files/alfresco/publication-exhibits/2000405/2000405-Implications-of-Immigration-Enforcement-Activities-for-the-Well-Being-of-Children-in-Immigrant-Families.pdf.

3. La vida no es Disneylandia

** Realicé la entrevista eje de este capítulo con Yunuen Bonaparte el 14 de febrero de 2017, en Los Ángeles, California.

1. El video de la presentación de Hillary Clinton en la conferencia nacional de la Asociación Nacional de Periodistas Hispanos (NAHJ) y la Asociación Nacional de Periodistas Afroamericanos (NABJ) en Washington, D.C en agosto de 2016 se encuentra en este enlace: www.youtube.com/watch?v=qoB-gOZY5OM.
2. El texto de la iniciativa original del DREAM Act se puede encontrar aquí: www.congress.gov/107/bills/s1291/BILLS-107s1291rs.pdf. Una nueva versión fue presentada en julio de 2017, nuevamente encabezada por el senador Richard Durbin. El texto se encuentra aquí: www.durbin.senate.gov/imo/media/doc/Dream%20Act%20of%202017%20section%20by%20section.pdf.
3. Consulté las cifras sobre deportaciones referidas en este capítulo en la página web de ICE, 2016: www.ice.gov/removal-statistics/2016#_ftnref3.
4. Las estimaciones sobre el costo de la educación superior en Estados Unidos se encuentran en el sitio web Collegeboard.org. trends.collegeboard.org/college-pricing/figures-tables/average-published-undergraduate-charges-sector-2016-17.
5. El texto completo de la medida DACA (Deferred Action for Childhood Arrivals) se encuentra en la página de la agencia de Servicios de Inmigración y Ciudadanía de Estados Unidos (USCIS): www.uscis.gov/news/dhs-outlines-deferred-action-childhood-arrivals-process. Es importante señalar que el anuncio de DACA se dio en el contexto de la campaña de Barack Obama por su reelección a la presidencia en 2012 y fue interpretada como un mecanismo de presión para que el Congreso aprobara la iniciativa de reforma migratoria que presentó en enero de 2013, tan pronto como tomó protesta por su segundo mandato; pero DACA es resultado también de años de intenso cabildeo y organización social y colectiva por parte de los jóvenes *dreamers* tanto en sus ciudades y estados, como a nivel nacional; de sus movilizaciones y acciones de resistencia civil, y de su capacidad de *lobby* en Washington, D.C. (V. Truax, Eileen. *Dreamers, la lucha de una generación por su sueño americano*. Océano, 2013).
6. Las estimaciones sobre el número de jóvenes que han sido beneficiarios de DACA se encuentran en la página de Pew Research Center: www.pewresearch.org/fact-tank/2017/01/05/unauthorized-immigrants-covered-by-daca-face-uncertain-future/. Esta organización también ha hecho un desglose de los beneficiarios por nacionalidad: www.pewresearch.org/fact-tank/2014/08/15/5-facts-about-the-deferred-action-for-childhood-arrivals-program/.
7. El Center for American Progress realizó el estudio que calcula los apoyos económicos que ha dado DACA a sus beneficiarios durante los primeros cuatro años del programa: www.americanprogress.org/issues/immigration/news/2016/10/18/146290/new-study-of-daca-beneficiaries-shows-positive-economic-and-educational-outcomes/.

8. Consúltese en: www.pewresearch.org/fact-tank/2014/08/15/5-facts-about-the-deferred-action-for-childhood-arrivals-program/.

4. Cuestión de honor

** Realicé la entrevista eje de este capítulo con Alberto Mendoza el 27 de abril de 2017, en Los Ángeles, California.

1. Una versión de la historia del Baile de los 41 se encuentra publicada en la página web de Honor 41: honor41.org. Existen algunos detalles que varían de relato en relato sobre cómo se registraron los hechos esa noche; he reproducido en este capítulo la versión popular más extendida.
2. Obtuve las cifras sobre salud y VIH, así como el desglose por grupo étnico, en la página web del Center for Disease Control, una dependencia gubernamental: www.cdc.gov/hiv/group/racialethnic/hispanilatinos/index.html.
3. El texto original de la Proposición 8 en California se encuentra en la última página del documento en este enlace (llama la atención su extensión: una línea): www.ag.ca.gov/cms_pdfs/initiatives/i737_07-0068_Initiative.pdf.
4. Publiqué originalmente la historia de Jennicet en el diario *El Universal*, el 5 de julio de 2015: www.eluniversal.com.mx/articulo/periodismo-de-investigacion/2015/07/5/la-transgenero-que-incomodo-obama.

5. Vivir en 46 kilómetros

** Realicé la entrevista eje de este capítulo con Mónica Robles, el 25 de febrero de 2017, en su casa en Río Rico, Arizona. Entre otras cosas, Mónica me mostró las listas de los clientes a los cuales les distribuye comida.

1. Los datos de población de Río Rico los obtuve de la Oficina del Censo de Estados Unidos: www.census.gov. Los datos sobre el porcentaje de personas indocumentadas, de Pew Hispanic Research: www.pewhispanic.org/interactives/unauthorized-immigrants/.
2. La encuesta realizada por el Banco de la Reserva Federal de Boston sobre el empleo informal en Estados Unidos está en este enlace: www.bostonfed.org/publications/current-policy-perspectives/2014/informal-work-in-the-united-states-evidence-from-survey-responses.aspx.
3. Obtuve la información de las garitas y los puestos de control de la Agencia de Control de Aduanas e Inmigración (CBP) en la página web de la agencia: www.cbp.gov/border-security/along-us-borders/border-patrol-sectors.
4. El reporte de ACLU sobre violaciones a los derechos civiles por parte de las autoridades de inmigración en los retenes puede ser consultado en este enlace: www.aclu.org/other/aclu-factsheet-customs-and-border-protections-100-mile-zone.
5. El artículo del diario *New York Times* que cito, sobre los puntos de

revisión de inmigración en Texas, se encuentra aquí: www.nytimes.com/2015/11/23/us/checkpoints-isolate-many-immigrants-in-texas-rio-grande-valley.html?_r=0.

6. Obtuve la información sobre el *sheriff* Tony Estrada de su página web oficial: santacruzsheriff.org/about-us/meet-the-sheriff/.

6. Oaxacalifornia

** La entrevista eje de este capítulo, con Odilia Romero, fue realizada en Los Ángeles, el 28 de abril de 2017. En este capítulo incluyo, además, una serie de anécdotas del seguimiento que he realizado al trabajo del Frente Indígena de Organizaciones Binacionales (FIOB) y al Centro Binacional para el Desarrollo de (CBDIO). Se puede encontrar más información sobre ambas organizaciones en la página web de FIOB: http://fiob.org/quienes-somos/.

1. Las estadísticas sobre población hablante de idiomas indígenas en México se encuentran en la página del Censo 2010 del Instituto Nacional de Estadística y Geografía (INEGI): www.inegi.org.mx/inegi/contenidos/espanol/eventos/vigenero/dia29/panel4_mesas/poblacion_indigena/p_indigena-en-mexico.pdf.
2. El estimado de indígenas oaxaqueños que viven en Estados Unidos y el porcentaje de los que residen en California me fueron proporcionados por FIOB, según estudios del académico Gaspar Rivera-Salgado, de UCLA. Uno de ellos: www.academia.edu/812305/Indigenous_Mexican_MIgrants_in_the_United_States?.
3. La historia de Cirila Baltazar fue publicada en varios medios. La sentencia final del juez está reseñada en la página web de Southern Poverty Law Center (SPLC), la organización que la asesoró legalmente: www.splcenter.org/news/2014/03/12/federal-court-delivers-important-victory-splc-case-against-hospital-state-employees-accused.
4. FIOB publicó un reporte sobre los casos de hombres y mujeres condenados y encarcelados por la falta de un intérprete. Está disponible en: www.centrobinacional.org/programas/interpretes.
5. La información completa sobre Children's Hospital se puede revistar en su página web: www.chla.org/history.
6. Publiqué la historia sobre los intérpretes de zapoteco para el Censo de Estados Unidos en 2010 en el diario *La Opinión*. Truax, Eileen. "¿Cómo se dice 'censo' en zapoteco?". *La Opinión*, 9 de enero de 2010 (archivo web no disponible).

7. Santuario

** Realicé la entrevista eje de este capítulo con Jeanette Vizguerra, vía telefónica, el 25 de mayo de 2017, 12 días después de que salió del santuario.

1. Hice la recreación del ingreso de Jeanette Vizguerra al santuario con base en mi conversación telefónica con ella, la crónica publicada por la

cadena CNN: edition.cnn.com/2017/04/20/us/vizguerra-time-100-trnd/index.html y la crónica publicada por el diario *Washington Post*: https://www.washingtonpost.com/news/acts-of-faith/wp/2017/02/15/this-undocumented-immigrant-just-announced-shes-seeking-sanctuary-at-a-church-now-she-waits/.

2. Se puede encontrar la información completa sobre la Ley Sensenbrenner (HR4437) en la página web del Congreso de Estados Unidos: www.congress.gov/bill/109th-congress/house-bill/4437.
3. El documento original del "Memo Morton" se encuentra disponible en la página web de ICE: www.ice.gov/doclib/secure-communities/pdf/prosecutorial-discretion-memo.pdf.
4. Como en capítulos anteriores, las cifras sobre deportaciones que cito en este libro provienen de las páginas del DHS y de ICE: www.ice.gov/removal-statistics/2016 y www.dhs.gov/sites/default/files/publications/Enforcement_Actions_2014.pdf.
5. El estimado sobre el número de congregaciones que se han declarado santuario ha sido proporcionado por el reverendo Noel Anderson, del movimiento World Church, que hace un seguimiento del Movimiento santuario. Tomé la referencia de una entrevista de Anderson con el diario *Washington Post*: www.washingtonpost.com/news/acts-of-faith/wp/2017/02/15/this-undocumented-immigrant-just-announced-shes-seeking-sanctuary-at-a-church-now-she-waits/.
6. Prison Policy Iniciative ha publicado un análisis completo sobre las tasas de encarcelamiento de minorías étnicas. Disponible en: https://www.prisonpolicy.org/reports/rates.html.
7. El análisis realizado por el diario *Washington Post* sobre ciudades santuario puede ser consultado en este enlace: inmigración.https://www.washingtonpost.com/graphics/national/sanctuary-cities/.
8. La información de la Caravana de los Niños se encuentra en este enlace: www.womensrefugeecommission.org/news/press-releases-and-statements/2596-wrc-support-we-belong-together-kids-caravan.
9. Información de la campaña "Sanctuary Everywhere" del programa interreligioso de American Friends Service Committee: www.afsc.org/sanctuaryeverywhere.
10. El perfil de Jeanette Vizguerra, escrito por la actriz America Ferrera para la revista *Time*, se encuentra en este enlace: http://time.com/collection/2017-time-100/4736271/jeanette-vizguerra/.

8. Capitán de su gente

** Realicé la entrevista eje de este capítulo con Al Labrada, vía telefónica, en junio de 2017. He estado en contacto con el capitán por al menos siete años, de manera que en el texto retomo también información compartida por él en algunas de nuestras conversaciones de años anteriores.

1. Las cifras sobre el desglose demográfico en las fuerzas armadas y sobre el acceso a la educación para latinos están disponibles en Pew Reaserch

Center: www.pewresearch.org/fact-tank/2017/04/13/6-facts-about-the-u-s-military-and-its-changing-demographics/yhttp://www.pewresearch.org/fact-tank/2016/07/28/5-facts-about-latinos-and-education/.

2. Obtuve las cifras de latinos enlistados en las fuerzas armadas que mencionaron la educación como la principal razón para hacerlo de una encuesta realizada por el Center for American Progress sobre veteranos latinos y el acceso a la salud: www.americanprogress.org/issues/race/news/2012/08/07/12037/cultural-competency-key-to-meeting-the-health-needs-of-latino-veterans/.
3. El desglose demográfico de los arrestos y detenciones de personas por parte de la policía está disponible en la página web de la Oficina de Justicia de Estados Unidos: www.bjs.gov/content/pub/pdf/cpp08.pdf.
4. Las cifras de asesinatos a manos de la policía por grupo demográfico fueron publicados por el diario *The Guardian* en un reportaje interactivo: www.theguardian.com/us-news/ng-interactive/2015/jun/01/the-counted-map-us-police-killings.
5. Las cifras sobre el crecimiento de la población latina en los departamentos de policía de Estados Unidos y la percepción que los agentes tienen sobre su trabajo están disponibles en la página de Pew Research Center: www.pewresearch.org/fact-tank/2017/02/15/how-hispanic-police-officers-view-their-jobs/.
6. Encuesta realizada por el National Police Research Platform entre el 19 de mayo y el 14 de agosto de 2016, que arrojó una muestra representativa a nivel nacional de 7,917 oficiales activos trabajando en 54 departamentos constituidos por 100 o más policías.
7. Publiqué la historia sobre la reunión comunitaria sobre derechos de los inmigrantes indocumentados en la que participó Al Labrada en la *Revista Cambio*, en febrero de 2017: www.revistacambio.com.mx/mundo/sonadores-a-pesar-de-trump/.

9. Familias entre dos mundos

** Las historias que aparecen en este capítulo tienen como punto de convergencia las familias de estatus mixto y fueron reporteadas en diferentes momentos. El caso de Guadalupe García de Rayos lo he seguido a través de medios de comunicación y de contacto en redes sociales con las organizaciones que orquestaron las protestas tras su arresto –con las cuales he trabajado en el pasado–. Mis entrevistas con la familia Romero fueron realizadas con el apoyo del programa "Immigration in the Heartland" del Institute for Justice and Journalism (IJJ) en 2013. Los testimonios de las entrevistadas formaron parte de un reportaje publicado en *Huffington Post*: www.huffingtonpost.com/eileen-truax/dos-realidades-una-familia_b_4195095.html. En el caso de Viridiana, he seguido su historia desde 2012, cuando la entrevisté por primera vez durante la investigación para mi libro sobre *dreamers*. La última vez que nos encontramos fue en febrero de 2017 en Phoenix, Arizona.

1. Las estadísticas sobre niños en Estados Unidos con al menos un padre inmigrante indocumentado están disponibles en la página del Migration Policy Institute: www.migrationpolicy.org/research/profile-us-children-unauthorized-immigrant-parents.
2. Obtuve la cifra sobre separación familiar por deportación de un reporte publicado en la página web del American Immigration Council: immigrationimpact.com/2014/06/26/thousands-of-u-s-citizen-children-separated-from-parents-ice-records-show/.

10. Piernas pequeñas, grandes sueños

** Realicé la entrevista eje de este capítulo vía telefónica con Mafalda Gueta en mayo de 2017. He estado en contacto con ella por más de tres años, en los cuales hemos compartido un evento con la organización de *dreamers* a la que pertenece, y hemos tenido varios intercambios vía redes sociales. Algunos detalles obtenidos en estos intercambios han sido incluidos en este capítulo. En junio de 2017 sostuve una conversación telefónica con Carlos Gueta, el padre de Mafalda, para verificar algunos datos incluidos en este texto.

1. Se puede encontrar más información sobre los hospitales Schriners en su página web: www.shrinershospitalsforchildren.org. En la época en que la familia Gueta recibió el diagnóstico de Mafalda, aún no existía uno en México. Hoy hay uno que brinda servicio en la Ciudad de México.
2. Publiqué la historia de Norma y los resultados del reporte sobre el acceso a la salud para los *dreamers* en la revista *Proceso*, en 2015. Truax, Eileen. "Vivir con miedo", en Revista *Proceso*, 6 de junio de 2015: hemeroteca.proceso.com.mx/?page_id=278958&a51dc26366d99bb5fa29cea4747565fec=406683&rl=wh.
3. Más información sobre la Ley SB1070 de Arizona en el sitio de ACLU: www.aclu.org/feature/arizonas-sb-1070.

11. El futuro es femenino

** Realicé la entrevista eje de este artículo con Ana Elena soto en abril de 2017.

1. Las estadísticas sobre mujeres latinas en Estados Unidos están disponibles en la página del Departamento de Educación de este país: sites.ed.gov/hispanic-initiative/2014/06/making-education-work-for-latinas-in-the-u-s/ysites.ed.gov/hispanic-initiative/files/2015/09/Fulfilling-Americas-Future-Latinas-in-the-U.S.-2015-Final-Report.pdf.
2. Se puede encontrar más información sobre Philantropical Eduacational Organization (PEO) en: www.peointernational.org.
3. Gándara, Patricia. "Fulfilling America's future: Latinas in the US, 2015. The Civil Rights Project and The White House Initiative on Educational Excellence for Hispanic". Disponible en: sites.ed.gov/hispanic-initiative/

files/2015/09/Fulfilling-Americas-Future-Latinas-in-the-U.S.--2015-Final-Report.pdf.

4. Moore, S.K., Fee, M., Ee, J., Wiley, T., and Arias, B. (2014). "Exploring bilingualism, literacy, employability and income levels among Latinos in the United States", R. Callahan and P. Gándara (eds). *The Bilingual Advantage: Language, Literacy and the U.S. Labor Market*. Bristol: Multilingual Matters, pp. 16-44.
5. Obtuve las cifras sobre rezago en el acceso a la educación para jóvenes latinas en el reporte "Higher Education: Gaps in Access and Persistence Study" del Centro Nacional para las Estadísticas sobre Educación: nces.ed.gov/pubs2012/2012046.pdf.
6. Las cifras sobre acceso a educación preescolar las obtuve del reporte sobre infancia de Annie E. Casey Foundation: www.aecf.org/m/resourcedoc/aecf-2014kidscountdatabook-.
7. Crosnoe, R. (2006). *Mexican Roots, American Schools: Helping Mexican Immigrant Children Succeed. Palo Alto: Stanford University Press.*

12. El sueño de ser abogado

** Las entrevistas que dan estructura a este capítulo y al capítulo 13, Boicot, fueron realizadas en la ciudad de Phoenix, Arizona, el 26 de febrero de 2017. Me reuní con Daniel Rodríguez y con Luis Ávila en una cafetería del centro de la ciudad, aunque con anterioridad había sostenido conversaciones telefónicas con ambos.

1. Se puede encontrar más información sobre las organizaciones MEChA y National Black Student Union en: www.chicanxdeaztlan.org y http://nbsu.org.
2. Un detallado desglose sobre las implicaciones de la Proposición 300, que prohíbe a los estudiantes indocumentados recibir apoyos económicos para acudir a la universidad, se encuentra disponible en la página web de la Universidad Estatal de Arizona (ASU): registrar.arizona.edu/personal-information/proposition-300-faqs.
3. Más información sobre la organización Arizona Dream Act Coalition (ADAC) en: theadac.org.
4. Escribí la historia del abogado Sergio García para la revista *Proceso* en octubre de 2013. Disponible en: hemeroteca.proceso.com. mx/?p=354533.
5. El texto de la medida AB1024 de California, que permitió ejercer como abogado a Sergio García, se encuentra disponible en este enlace: leginfo.legislature.ca.gov/faces/billNavClient.xhtml?bill_id=201320140AB1024.
6. La página web del bufete legal de Daniel Rodríguez, Díaz, Rodríguez y Asociados, se encuentra en: diazrodriguezlaw.com.
7. La información demográfica del estado se encuentra en: www.americanimmigrationcouncil.org/research/new-americans-arizona y www.pewhispanic.org/states/state/az/.

13. Boicot

1. Se puede encontrar el texto de la Proposición 200 de Arizona en: apps.azsos.gov/election/2004/Info/PubPamphlet/english/prop200.htm.
2. Las cifras sobre el impacto del boicot a Arizona fueron publicadas por el Center for American Progress: www.americanprogress.org/issues/immigration/reports/2010/11/18/8657/stop-the-conference/.
3. El planteamiento del senador mexicano Armando Ríos Píter, con base en el proyecto de boicot al maíz gringo de Daniel y Luis, está planteado por el propio senador en este artículo: www.excelsior.com.mx/opinion/armando-rios-piter/2017/02/27/1148893.
4. La página con la petición para apoyar el boicot al maíz gringo se encuentra en: action.mijente.net/petitions/boicot-del-maiz-gringo.